凤凰师轩
FENGHUANG SHIXUAN

行知工程
Education
新课程探索系列

语文新课程的批判与重建

YUWEN XINKECHENG DE PIPAN YU CHONGJIAN

葛桂斌 著

江苏凤凰教育出版社
Phoenix Education Publishing, Ltd

图书在版编目（CIP）数据

语文新课程的批判与重建/葛桂斌著．—南京：江苏凤凰教育出版社，2015.8

ISBN 978-7-5499-4900-7

Ⅰ.①语…　Ⅱ.①葛…　Ⅲ.①中学语文课－教学研究　Ⅳ.①G633.302

中国版本图书馆 CIP 数据核字（2015）第 085359 号

书　　名　语文新课程的批判与重建
作　　者　葛桂斌
责任编辑　刘丹丹　雷利军　闫红蕾
出版发行　凤凰出版传媒股份有限公司
　　　　　江苏凤凰教育出版社（南京市湖南路 1 号 A 楼　邮编 210009）
苏教网址　http：//www.1088.com.cn
照　　排　润星之源文化有限公司
印　　刷　三河市九洲财鑫印刷有限公司
厂　　址　河北省三河市灵山大口
开　　本　787 毫米×1092 毫米　1/16
印　　张　14.5
字　　数　194 千字
版　　次　2015 年 8 月第 1 版　2015 年 8 月第 1 次印刷
书　　号　ISBN 978-7-5499-4900-7
定　　价　30.00 元
网店地址　http：//jsfhjycbs.tmall.com
邮购电话　025-85406265，85400774　短信　02585420909
E - mail　jsep@vip.163.com
盗版举报　025-83658579

苏教版图书若有印装错误可向承印厂调换
提供盗版线索者给予重奖

自　序

从教之旅的终点就在前面，近得似乎转眼就能看见。现在的我就像孤独的旅人，有点疲倦，也有点悠闲，于是就像小时候在乡下时独自坐在路边挑拣着篮子里的瓜果一样，敝帚自珍般把玩一路上写下的这些浸润着汗水的文字，既想给后来者些许启发，也是对已逝岁月的纪念。

冬去春来，光阴荏苒。初登讲台展望未来时，我曾觉得从教之路似乎漫长无边，如今蓦然回首，竟已走过了三十余年。这些年间，由于种种原因，我并没能如最初设想的那样，留在老家那藏书丰富的师范学校里教书、读书、写书，而是被命运裹挟着不停地辗转，从皖北到闽南，再从闽南到苏南，又从苏南到粤南。与此同时，我的工作岗位也在不断变更，从中等师范学校到中学，从中学到大学，又从大学到中学。我教过的既有公办学校的学生，也有民办学校的学生；既有经济欠发达地区的农家子弟，也有经济发达地区的富家子女。所教课程既有中学语文、中等师范学校文选与写作课，又有大学写作和美学等课程。所担任的职务则有语文科组长、教育科组长、教科室主任、校刊主编、陶行知研究会秘书长等。其间参与编著、独立编著并出版著作多部，发表文章百余篇。

有人说经历是一笔财富。我认为，有一段经历就会有一些感悟，有一些感悟就会有一些思考和行动，也会留下一些痕迹。这本专著中的这些文字都要归功于过去三十多年间的经历和努力，它们是我不懈探索和思考的结晶。

回首往事，我如今仍然认为，如果决定做语文教师，要与语文结下不解之缘，就一定要探究它，琢磨它，弄懂它。不甘于做一个照本宣科的教书匠，要成为一位学者型、科研型、人师型教师，是我始终如一的追求。在这三十多年间，无论我的工作岗位怎样变更，从事语文教学这一点始终没有改变，一波接一波的语文新课程改革思潮贯穿于我职业生涯的全过程。从20世纪80年代语文教育界着力批判和改革语文教学成绩少、见效慢、效果差、用时多的“少慢差费”弊端开始，到20世纪90年代初开始探索建立必修课、选修课、实践课和活动课“四位一体”的课程体系，再到21世纪初开始的以“自主合作探究”为核心的新课程改革，其间有多少困惑和争议，作为一个始终处在教育一线的语文教育工作者，我始终深有体会。为探求真知和探索规律，有多少个白昼，我曾满怀激情地探索教学中的未知领域，去寻求完美的答案；有多少个寂静的夜晚，我曾奋笔疾书，写下肺腑之言，总结得失。

本书中的这些文字镌刻着三十多年岁月的痕迹，积淀着新课程改革的韵味，凝聚着我的心血和汗水，如今我怀着虔诚而欣喜的心情把它献给广大同人，盼望大家在语文教学这块辽阔、肥沃而丰饶的土地上，收获无限的精彩和喜悦！

葛桂斌

2015年5月于深圳

目录

第一章

教学观念的批判与重建

第二章

课程体系的批判与重建

第三章

教学方式的批判与重建

第四章

课堂教学的批判与重建

第五章

阅读教学的批判与重建

第六章

写作教学的批判与重建

代前言

在教研部门的指导下，我区新课程改革取得了长足发展：教育观念有了更新，课堂教学焕发出蓬勃生机，学生素质显著提高。实践证明，从旧观念转到新观念，从旧课程转到新课程，必须首先做好批判与重建工作，对错误的观念和实践进行认真的检讨和批判，对准备推行的观念和实践进行科学的规划和重建。只有这样，才能在今后的探索和创新实践中找到明确的方向和坚实的立足点。

（一）教学观念的批判与重建

长期的教学实践启示我们，有什么样的教学观念就有什么样的教学行为，观念是行为的先导。对于许多教师来说，教学实践中出现问题的原因往往不是教学能力有限，而是教学观念落后。一旦教学观念有所改变，教学的方式方法就会不断创新，教学实践也会日益完善。

如果说半个多世纪以来，我国的语文教育始终未能令人满意，那么原因就在于教学实践中未能真正建立起现代的教学观念、民主的教学理念、辩证的思维品质、多元的评价意识、实事求是的科学态度、勇于改革的创新精神、大语文教学的宽广视野等，这迫使我们今天用新的教学观念来加以调整和重建。

由于语文学科内容博大精深、形式复杂多变、教学工作繁重偏难等实际情况，迫切要求语文教师具备思想家的素质，以便能在纷繁复杂的事物中把握住重点。我认为，为了应对新课程改革的挑战，当前我们迫切需要具备以下观念和素质。

1. 现代的教学观念

虽然如今已经进入信息时代、创新时代，可是我们的某些观念依然滞留于私塾先生的时代。因此，我主张教师应实现以下三大转变，建立崭新的教学观念。

(1) 由以研究教法为主转变为以研究学法为主。

(2) 由以研究文本为主转变为以研究学生为主。

(3) 由以结果性评价为主转变为以过程性评价为主。

实现这三大转变可以使我们用新的眼光来看待学生和我们自己，将我们的注意力聚焦在研究学生的学习状况、学习方法和学习过程上，聚焦在这些决定学习成效的因素上，以促进学生的发展。这是实践新课程前必须首先做到的。假如做不到这一点，一切都将无从谈起，新课程改革也只是“穿新鞋，走老路”，“用着新教材，搞着‘满堂灌’”。

2. 民主的教学理念

由于我国封建专制历史漫长，专制观念根深蒂固，许多人都喜欢自己说了算。教学中也是这样，不少教师喜欢在课堂上夸夸其谈，搞“一言堂”“满堂灌”，不习惯倾听学生的意见，长期这样下去，就会严重压抑学生的主体意识，压制学生的创造欲望。

反思自己，我虽从教多年，崇尚教学民主，但在实践新课程的过程中，我的心灵还是受到不小的震撼。比如，我过去一直倡导让学生通过写日记来培养写作习惯、训练观察能力，为了督促学生坚持写下去，我一直定期查阅学生的日记，很少想到这样做会“侵犯”学生的隐私权。如今有学生提出这个问题，说学生也有隐私权，老师不应该查看他们的日记。我乍听不以为然，细想颇受震撼。又如布置作业，常听学生说布置得太多了，我起初只当是学生想偷懒。深入了解时，我听到学生说：“也许您认为布置得不多，可是布置作业的并不只有您一个人啊！数学老师、英语老师、历史老师、地理老师、政治老师，你们都说不多，可我们要写到很晚才能睡觉！”这话不能不让我感到惭愧，受到震撼。许多年来，我们每天忙忙碌碌，钻研教材、琢磨教参、研究教案、批改作业、推敲试卷，唯独没有好好研究一下那些性情迥异、水平不一、情况有别的学生，不知道他们的愿望、喜好与苦恼，这岂不是舍本逐末吗？教学过程中类似的小事层出不穷，假如我们未经新观念的洗礼，我们的教学行为就很难适应学生的发展。新课程改革对于我们来说无疑是一次自我批判、自我更新的绝好的机遇，我们应该好好把握！

3. 辩证的思维品质

过去一年的经验告诉我们，面对新课程改革，我们特别需要有辩证思维，它能够使我们全面而不是孤立、发展而不是僵化、深刻而不是肤浅地去看问题，从而避免主观主义、教条主义和形而上学。

在新课程改革的探索中，在取得相关成果的同时，也有不少问题令人担忧和疑惑。比如，观摩课上的表演成分太多，弱化了学生对教学内容的关注；形式主义的提问、思考或讨论，成为一种象征性的点缀。闭上眼睛想象究竟有多少科学和创新的成分？用五彩缤纷的画面吸引学生的眼球，对学生阅读、感悟和思考能力的培养是利还是弊？从“满堂灌”到“满堂问”，再到“满堂论”，体现了新课程改革的精神吗？

出现类似问题，说明我们不仅需要新教材，更需要有新思维、新判断。

4. 多维的评价意识

多年来，我们对学生的评价基本是一维的，即单一的考试分数评价，难以全面、动态地评价学生，这对学生的发展产生了严重的阻碍作用。

新课程理念下的评价观是多维的，即智能维度（知识与技能）、方法维度（过程与方法）和情感维度（情感态度与价值观）相结合，对学生进行多方位的评价。具体内容包括以下几点：

（1）由单一的考试分数评价改为智能、方法与情感相结合的全面评价，充分认识到学习品质和价值取向是学生可持续发展的原动力。

（2）由结果性评价改为过程性评价。结果性评价的功能在于鉴别，而过程性评价的功能在于诊断，诊断比鉴别在导向性、形成性等方面更能够促进学生的进步。

（3）由封闭式评价改为开放式评价。开放式评价可以把评价过程转化为学习活动，使学生在评价活动中不断进步。

（4）由一元智能评价改为多元智能评价，突出对学生多种智能的培养，有利于学生的全面进步和兴趣特长的培养。

（二）课程体系的批判与重建

目前我国的语文课程还是采取比较单一的必修课模式，教学还局限于课堂这一狭小的空间。我国还没有在中学开设系统的选修课程，这对学生的全面发展是十分不利的。因此，课程改革仍旧任重道远。我认为，应该构建必修课、选修课、活动课和实践课有机结合的课程体系。在这里，必修课可以引导方向、提供方法，选修课可以拓宽视野、促进发展，活动课可以培养兴趣、发展特长，实践课可以获得真知、锻炼能力。实践课是根，必修课是干，选修课是枝，活动课是叶，根、干、枝、叶有机结合才能根深蒂固、枝繁叶茂、果实累累。

目前，虽然国家教育部门还未推出这样的课程体系，但是按照新课程改革的精神，我们不必等待，而应该因地制宜，创造条件积极尝试。

1. 对教材进行灵活处理，合理取舍，每单元的五篇课文可重点学习两三篇，其余作为课外的学习内容，利用省出的课堂教学时间开设学生喜欢的选修课，如“中外名家名作选读”“中国四大古典文学名著阅读指路”“古今文章修改例话”“中考优秀作文评点”等，这样无疑会收到可喜的效果。

2. 开展课外活动，举办语文学习方法辅导讲座、读书方法辅导讲座、写作辅导讲座等，组织写字比赛、朗诵比赛、背诵比赛、课本剧表演活动、小记者采访活动等，指导学生科学有效地学习，培养学生的兴趣，发展学生的特长，锻炼学生的能力。

3. 开展实用文写作与应用活动，以及演讲、辩论、改稿、编刊物、拟标语等语文实践活动，培养和发展学生的语文实践能力。

（三）教学方式的批判与重建

我们以往的教学方式沿袭的是教师讲、学生听的模式，学生被当作机械接收外来信息和指令的容器与机器。教学本是教与学合一的，但二者被人为地分离，像陶行知先生批判的那样，学校成了“教校”。

新课程要求我们摒弃过去的教学方式，代之以指导学生自觉运用自主、合作、探究的方式去主动学习。

自主学习并不等于让学生自由学习或任意学习，而是在教师的具体指导下，学生通过自我设计、自我监控、自我调整、自我评价，达到自主发展的学习目的。自主学习的意义在于每个学生都可以从自己的实际情况出发，进行切实有效的自学，避免受不切实际的统一要求、统一步骤、统一标准的束缚，从而获得学习的主动权。

合作学习是让学生通过同学间的互相交流和讨论，互帮互助，共同进步。我在课堂教学中尝试将优秀生、中等生和后进生搭配着分成若干个四人学习小组，课堂上由主持人负责，讨论交流他们感兴趣或教师提出的问题，小组内讨论，小组间竞赛。学生建立了课外合作读书小组、文学爱好者小组、小记者采编小组等合作学习小组，学习效果明显。

探究学习的形式可以多样化，既可以独自探究，也可以合作探究；既可以校内探究，也可以校外探究；既可以探究教材中的问题，也可以探究大自然和社会中的问题。教师应该培养学生探究的兴趣，教给他们探究的方法，督促他们养成探究的习惯，使他们逐步树立主动学习和探究的精神，以利于他们可持续发展。

（四）课堂教学的批判与重建

课堂教学始终是教学改革的主阵地。教学上出现的问题，症结多半在没有激活课堂教学的创新思维。因此，想要提高课堂教学的效率，我们应设法重建课堂教学观。

1. 重新确立课堂教学的目标与评价标准

以往我们的课堂教学目标随意性较大，目标与过程常常存在脱节现象。近年来，课堂教学目标的设置经历了从重视具体的知识点到知识与能力并重，再到知识、能力与情感并重，直到今天确立了新课程理念下的较为完备的目标体系，即知识与技能、过程与方法、情感态度与价值观。这三个目标既是课堂教学追求的目标，也是教学评价的标准。按照这一目标与评价体系进行教学，既可以保证知识与能力教学目标的实现，又可以强调教学过程和方法，同时还能够保证语文教学的人文特色。

2. 重建课堂教学自主学习的主流操作模式

为了增强课堂教学结构的科学性和实效性，我们有必要建立富有个性的课堂自主学习的主流操作模式，并明确课堂教学的基本程序和时间安排。

(1) 投影教学目标。(1 分钟)

(2) 提供自学提纲。(2～5 分钟)

(3) 学生阅读教材。(15～20 分钟)

(4) 师生讨论解惑。(10～15 分钟)

(5) 学生巩固练习。(5～10 分钟)

任何模式的积极意义都在于提供一种思路和规范，任何模式的消极意义都在于易使采用者受到束缚，解决的办法在于把握其要义并灵活地变通，使之有利于自己的行动。称上述模式为主流模式，是因为在各具特色的教学模式中，可以选择这一模式作为主要模式，同时也可以采用其他模式加以补充。这些模式的提出对于新课程改革有着重要的意义，主要表现在：

(1) 为学生的自主学习指明了目标；

(2) 使学生的自主学习有章可循；

(3) 使学生有充分的时间感知课文；

(4) 使学生能及时在交流讨论的过程中与教师的指导下质疑和解惑；

(5) 使学生能当堂巩固学习成果；

(6) 长期坚持，可以使学生养成自主学习的习惯和能力。

3. 重新制订学生的发展目标

过去我们没有很好地遵循因材施教的教学原则，习惯于对不同的学生提出相同的要求。要做到因材施教，就必须找到学生产生差异的原因。通过调查研究可以发现，学生产生差异的原因在于他们的学习品质、学习习惯和学习障碍等的不同。

学生的学习障碍主要包括：

(1) 阅读障碍：根本读不懂课文，或只是一知半解。

(2) 表达障碍：不会用学科语言和文字表达想说的意思。

(3) 行为障碍：缺乏生活、学习的良好习惯，无法按预习、上课、复习、练习的学习常规完成学习任务。

(4) 前提障碍：缺乏认知前提和情感准备，不能在原有知识与能力的基础上实现可持续发展。

(5) 心理障碍：有严重的失败心态和畏难情绪，没有勇气克服困难，不能正常开展学习活动。

我们将这些情况与学生的学习潜能结合起来综合分析，将全班学生分成若干个等级。① 预备级：约占全班学生的14%，这类学生的语文能力相当于小学三、四年级水平，对这一类学生要帮助他们补习小学知识，为他们逐步适应初中学习做大量认知准备和心理准备；② 起跑级：约占全班学生的34%，这类学生刚刚具备初中学习的基本条件，勉强可以应付初中学习，对这一类学生要帮助他们巩固学习基础，提高学习能力，增强学习后劲；③ 坚持级：约占全班学生的41%，这类学生有一定学习能力和学习方法，但很容易滑到起跑级，对这一类学生要热情鼓励并督促他们追赶先进，坚持下去；④ 冲刺级：约占全班学生的11%，这类学生具有自主学习的精神、良好的学习习惯和自学能力，对这一类学生要引导他们胸怀大志，发展特长，不断超越自己。

根据学生的不同情况进行分层教学，分类指导，防差补差，培优出特，使学生都能够在原有的基础上得到充分自然的发展，这样做是符合教育教学规律和学生发展规律的。

(五) 阅读教学的批判与重建

阅读教学占用了语文教学的大部分时间，语文教学的主要问题都可以从这里反映出来。长期以来，阅读教学中最突出的问题在于教师用过多的讲解代替了学生对文章的亲身感悟与品味。由于学生缺乏对课文的体悟，常常导致教师说得津津有味，学生却昏昏欲睡。

静下心来回忆一下我们的学生时代，我们的阅读兴趣、阅读习惯和阅读能力是由于某些语文教师的精彩讲解才培养起来的吗？显然不是。虽然教师的讲解与分析对我们的阅读确实会起到一定的启发、感染和帮助作用，可是汲取书中的精神营养还是靠我们自己的亲身阅读和体验，这一点是无论多么精彩的讲解都无法代替的。幼年时期，正是偶然从父亲床头发现的几本小人书唤起了我对阅读的兴趣。学生时代，我并没有遇到蔡芸芝那样的语文教师，也没有上过“最后一课”那样的语文课，可是我曾经迷恋过的《青春之歌》《敌后武工队》《红岩》《野火春风斗古城》《水浒传》《红楼梦》《悲惨世界》《少年维特之烦恼》《约翰·克利斯朵夫》《复活》等作品在我的心灵留下了不可磨灭的烙印，丰富了我的内心世界，塑造了我的自由人格，也培养了我的写作能力。

基于这样的思考，我认为在阅读教学中应着力从以下方面提高学生的阅读水平。

1. 重视语感培养

在课堂教学中留给学生足够的阅读和品味课文的时间，引导学生通过自己的感悟体会文章中蕴含的美感，从而使学生在情感上受到感染，这是阅读教学成功的关键。在这个前提下，教师以平等的身份参与学生的交流讨论，帮助学生消除疑问，加深理解，升华情感，增强语感。

2. 重视读写结合

语文教学实践充分证明，阅读与写作应该相辅相成、相互转化、相互促进。因此，我很重视引导学生按立意、选材、结构和表达的程序来探讨文章的形成规律，启发学生揣摩作者的思路，思考自己如何构思，通过这样的训练以读促写、读写结合。

3. 重视课外发展

陆游曾教育儿子说："汝果欲学诗，功夫在诗外。"语文学习也是如此。就语文而学语文，不懂各科常识，没有生活感悟，既难读懂作家作品，也难写出真情美文。因此，到语文教材之外去学语文，到课堂之外去学语文，甚至更具紧迫性和重要性。我曾观察过多位语文特长生，他们拥有的共同点是课外大量阅读，乐于感悟思考，勤于动笔习作，偏爱理解记忆。我们从古今中外许多杰出作家的身上也能看到相似的情景：蒲松龄科举失利，却成就了一番文学伟业，靠的是对科举考试的深切感悟和对社会的深刻理解；高尔基曾是流浪汉，在苦难的人间完成了他独特的"大学"课程，在文学的殿堂留下了不朽的名声。伊索原本是奴隶，莎士比亚原本是戏院里打杂和跑龙套的，斯托夫人原本是家庭妇女，鲁迅原本是学医的，他们大都凭借课外的努力而成才。如果说课堂教学是一块育种基地，能在学生的心田撒下兴趣、知识、方法的种子，那么课外发展就像广阔的田野，能让移栽的禾苗尽情地成长。

基于上述认识，我们在课外阅读方面做了以下工作：一是通过开展读书活动激发学生的阅读兴趣，如在初一的上学期指导学生开始阅读《三国演义》，在初一的下学期就举办《三国演义》知识竞赛和相关读书活动，调动学生阅读的积极性；二是提供具体的读书方法指导，如在初一上学期举办了以《走出迷惘的森林——谈读书方法》为题的专题讲座；三是为学生提供适合他们阅读的中外名著的目录及简介，让学生可以根据自己的兴趣选读；四是规定了学生的读书任务，如规定学生在初中三年要读完中国四大古典名著，并注意积累书中的精彩诗文等富有表现力的语言素材。

为了促进新课改，我们还大力加强学校图书馆建设，为学生提供丰富多彩、富有教益的图书。

（六）写作教学的批判与重建

写作教学始终是语文教学中最难攀登的悬崖峭壁，是最难啃动的硬骨头，自然也是语文试卷中最难得高分的项目。写作教学具有综合性、复杂性、长期性和艰巨性等特点，常常令人望而却步，很少有人能够登上那风光无限的险峰，采到那山崖间开放的烂漫的鲜花。究其原因，我认为长期以来写作教学中存在着这样几个突出问题：第一，对观察、立意、选材、结构、表达和修改等写作基本能力的系统指导和训练很不到位；第二，忽视对具体的写作技能的训练；第三，学生写作兴趣淡漠，写作水平普遍偏低；第四，教师自己的写作理论修养和能力有待提高。因此，我们迫切需要重建写作教学的秩序。

1. 重建写作基本能力训练体系

《义务教育语文课程标准（2011 年版）》（以下简称“新课标”）要求注重写作过程中的搜集素材、构思立意、列纲起草、修改加工环节，这是数十年来写作教学的经验总结，具有重要的指导意义。实践证明，不从基本的写作能力训练抓起而进行文体训练的做法，是违背写作教学的客观规律的。因此，我们应该在学生学习写作初期就进行系统的写作基本能力训练，使他们具有较强的观察能力、立意能力、表达能力和修改能力等。具体来说，我们可以从以下两方面着手。

(1) 编写写作基本能力训练教材，提出要求，指出方法，指引途径，提供范例，从理论、思维和方法上进行指导。

(2) 通过课堂教学、课外活动、社会实践等途径，从实践操作层面上进行训练。

2. 系统训练常用文体的写作能力

新课标对学生写作常用文体提出了明确的要求：“写记叙性文章，表达意图明确，内容具体充实；写简单的说明性文章，做到明白清楚；写简单的议论性文章，做到观点明确，有理有据；根据生活需要，写常见应用文。”根据这些要求，教师应通过大量的训练使学生做到以下几点。

(1) 熟练掌握记叙文、说明文、议论文和应用文的文体特点与写作要求。

(2) 按照由感性认识到理性认识的规律，循序渐进地训练记叙文、说明文、议论文写作。

(3) 注意将基本能力训练与文体写作能力训练结合起来，使之相辅相成。

3. 探索符合学生实际的写作指导模式

我国写作教学中缺乏对学生写作活动的具体指导，往往只要果实，不管播种。鲁迅先生曾回忆说，小时候学作文，先生多不给指导，他只好一个人在黑暗中摸索。今天不知有多少学生依然在黑暗中忧虑、苦恼着。有人认为作文指导就是说教，没有用处，有用处的做法是让学生自己多写。这与鲁迅先生所说的私塾先生的教法没有多少区别，就如同让学生在黑暗的迷宫里找寻路径。给予学生切实具体的指导和帮助，会大大提高学生训练的成效，缩短他们摸索的过程。我们总结多年来在写作教学过程中正反两方面的经验，学习借鉴古今中外写作教学的成果，深刻认识到写作教学应始终遵循写作教学的基本规律，紧密结合学生的生活实际，全面培养学生的综合素质。在上述认识的指导下，我摸索出比较切合学生实际的作文训练方法，即“激趣—观察—启发—表达—修改—发表”。

第一步：激趣。比如，教师在课堂上要求学生读一篇中学生习作《逛市场》，该文观察细致、描写生动有趣，因为是同龄人所写，很合学生口味，能调动学生的写作兴趣。

第二步：观察。由于学生普遍存在缺乏写作素材的问题，所以教师可以要求学生放学后到附近的超市逛一圈，把自己发现的素材记下来，并进行初步的构思，列出提纲。

第三步：启发。教师组织学生在课堂上谈谈各自逛超市的发现和写作计划，交流提纲，互相启发，然后完善构思提纲。

第四步：表达。学生回家按完善后的提纲写出初稿。

第五步：修改。教师在课堂上提出修改标准和要求，学生在合作学习小组内交流初稿，先集体修改，再由作者整理定稿。

第六步：发表。从学习心理上说，学生付出努力后终于写出了作文，每个人都渴望获得肯定，体验成功的喜悦。帮助学生发表习作既是对本次习作活动的总结，也是为他们积极参与下一次的习作活动加油鼓劲。所以我们通过小组宣读、班级交流、收入文集、推荐发表、评选颁奖、张贴表扬、网上发表等形式，尽可能使每个学生都获得成就感，都越来越相信：作文其实并不难，作文其实很有趣，作文其实很重要。

用这种程序和方法，我结合记叙文文体训练，着重培养学生在观察、立意、选材、结构、表达和修改等方面的基本能力，并以思维训练为中心，形成“基本能力＋思维能力＋文体写作能力”的训练模式。

为了给学生的习作训练提供尽可能多的理论和方法指导，我还在课外活动时举办了《文章的萌动、孕育和诞生》专题讲座，举办小记者培训班，开展相关读书活动，组织读书征文比赛，以此来提高学生的写作素养，增强其发展的后劲。

同时，古今中外成功的写作教学经验可以为我们今天的写作教学改革提供宝贵的启示，我们应该加以利用。

（1）中国古代写作教学的成功经验

在我国古代漫长的文化历史中，涌现出多如繁星的作家、诗人，他们的成长经验是我们的一笔十分宝贵的财富。

① 对课，即对对子，这是我国古人从启蒙时就开始运用的习作形式，在师生循序渐进、富有成效的训练中，学生的语言素养和审美能力会一步步提高。这真是一种简便高效、极富创造性的习作训练方法。

② 古人相信“读书破万卷，下笔如有神”，所以通过博览群书来积累写作素材是古人的一条重要经验。

③ 古人高度重视“起承转合”的章法思维训练，使行文构思有章可循，理解起来也可以迅速到位，不像我们今天的写作教学，片面理解“文无定法”，导致学生经常处于毫无头绪、思绪混乱的状态。

④ 古人习作多有师从，像写字一样先从模仿名家名篇入手，由模仿到自悟，再到独创。

⑤ 古人高度重视文章的修改，从炼字炼句到炼意谋篇，无不精益求精，百改不厌，“语不惊人死不休”。这一点不仅体现了古人对写作艺术境界的不懈追求，也体现出古人对事业、对后人负责的崇高精神品质。

所有的这些在今天看来仍是那么弥足珍贵，回想我们不成章法的写作教学现状，岂不令人汗颜！

(2) 国外当代写作教学的新思维

当代世界上一些发达国家在写作教学上提出的不少新主张，对于我们的写作教学颇有启示意义。

① 美国把语文课程称为“语言交流艺术课”，强调运用语言表情达意的生动性、艺术性与感染力。他们认为要提高写作教学的质量和效率，不仅要增强学生写作的信心，提高教师自身的写作能力，同时还要重视观察和思维等写作基本能力的培养，重视采集和利用信息来帮助写作，重视实用文训练等。

② 日本强调对学生思维能力、语言能力、创新能力与实践能力的培养，重视文体训练序列性和写作指导过程性等。

③ 德国重视对学生思维能力、联想和想象能力的培养，注重作文指导的示范性和趣味化，重视实用文写作训练。

上述国家的经验中，对思维能力的重视和对实用文写作能力的重视，这两点是一致的，可谓不谋而合，发人深省。思维能力是成功写作的核心因素，而实用则是写作教学的最终目的。可以说我们国家现在的作文教学在上述两方面都没有做好：一方面，以思维训练为核心进行作文教学的思想在实践中没有得到贯彻；另一方面，学生在实用文的训练和运用方面大多是空白的。作为语文教师，我们真该深深地反思：我们在写作教学中究竟给了学生多少有价值的东西？我们应该怎样赋予写作教学生生不息的活力，赋予学生切实的创造力？

总之，新课程改革对于我们来说既是一次严峻的挑战，也是一次珍贵的机遇。它既是一座不易攀登的高山，又是一座通向自由彼岸的桥梁。改革是沉重的、痛苦的，意味着改变自己原有的习惯，接受陌生的东西。但是，只要我们深刻地认识到自己的责任，以改革创新的态度探索前进，我们的前途将是无限光明的。我们应该不断努力！

葛桂斌

于2003年8月在深圳福田区新课程教师培训班上的发言

第一章 教学观念的批判与重建

观念是行动的先导，有什么样的教育观念就会有什么样的教育行动。因此，要革新教育行动，就必须先革新教育观念。本章全面深入地分析了导致语文教育教学效率低下的一系列问题，主张辩证地看待继承与革新、教学与科研、主体与主导、知识与能力、单一与多样等的关系，运用系统科学的基本原理解决教育教学过程中的实际问题，建立现代教育教学观念，按照教育规律办事，注重与时俱进和改革创新，促进语文教育教学的发展。

第一节

教学观念的批判

一、教学观念中的若干问题批判

由于传统思想和现实因素的影响，语文教学中存在着一系列需要分析和批判的问题。只有很好地解决了这些观念上的问题，我们在实践中才能迈开脚步，阔步前进。

（一）继承与革新

当我们认真思考语文教学整体改革的方案时，首先应细心研究传统教学体系中对我们仍然适用的部分，教学革新必须依靠辩证唯物主义和历史唯物主义思想的指导，必须建立在坚实的历史基础上，我们不能割裂历史，不能全盘否定在漫长的历史进程中所形成的教学方法、经验、模式和原则，因为它们是无数教育家用宝贵的心血创造出来并经过实践验证了的。我们应该果断抛弃那些被历史和实践充分证明是落后的、不适应今天教育形势发展的东西。例如，忽视学生学习主体地位的做法，只重知识传授而轻视思想教育、能力培养和美感陶冶的片面做法，忽视课外活动和动手能力培养的做法等。如果不果断抛弃这些倾向和做法，就会阻碍教育教学的进步。

另外，对于传统教学中重视文道结合、重视基本功训练、重视完整的课堂教学结构、重视精要的板书设计、重视适当的课堂提问和重视读写听说综合训练等，均应加以研究完善。因为这些都是符合教育教学规律的。如果不仔细研究，就会在锄草时连鲜花一并铲去。

（二）教学与科研

教育科学研究是运用科学的理论和方法，有意识、有目的、有计划地对教育领域的现象和问题进行研究，以探索和认识教育教学规律，促进教育教学进步。教育科研在整个教育事业中占有举足轻重的地位，它对于促进教育管理与决策的科学化和民主化、提高各级各类学校的教育教学质量、加强师资队伍建设、提高教师的素质和建立符合中国实际的教育科学理论体系，具有极其重大而深远的意义。

但遗憾的是，目前相当多教师对这个问题的认识还很模糊，不少学校的语文教研组教而不研的现象还很普遍，语文教学中重灌输轻引导、重讲解轻自学、重知识轻能力的做法仍然大量存在，年复一年唱老调、走老路、炒剩饭，导致出现教师厌教和学生厌学的局面。

造成这种局面的根本原因在于教师不明白教学与科研的关系，不清楚科研是推动教学进步的强有力手段，眼睛只盯住一个“教”字，把学校变成了“教校”。教学中的困惑越积越多，最后举步维艰。不少年轻教师在这种环境里被熏陶得与私塾先生无异，尽管他们有时也想要研究一下，改革一下，但由于缺乏训练，理论素养和科研能力不济，于是只好在叹息中无奈地重弹老调。毫无疑问，这种状态是无法适应日益发展的教育教学形势的，我们必须尽快更新观念，采取措施，从科研入手，提高广大语文教师的素质，实现语文教学观念的更新和进步。

（三）主体与主导

学生与教师的关系犹如演员与导演的关系。导演的责任不是表演而是指导演员，导演有时也要表演一下，但只是做一下示范。同样，教师的责任不是教，而是教会学生学习。从这个层面考虑，我认为将“教师”

的称呼改为“导师”更妥当。许多教师不注意教与导的关系，习惯于从幕后走到台前，将本是主角的学生置于观众席上，这对于培养学生的自学能力、分析能力、思维能力、表达能力和创造能力都是很不利的。因此，我们必须认真处理主体与主导的关系。

第一，教师的责任在于引导学生学习，平时应把主要精力放在研究如何教会学生学习上，设身处地想想学生究竟会遇到什么问题，怎样才能启发和引导他们去分析和解决问题，而不是直接说出答案。

第二，教师要在“做”的基础上教，学生要在“做”的基础上学，只有“做”才能把知识转化为能力，学习的目的就在于能够更好地“做”。教师应自觉地“在做中教”，如要求学生写一篇自传，教师可以先写一篇给学生看看，而不是出个题目就万事大吉了。

（四）知识与能力

如同主导与主体的关系被长期颠倒一样，知识与能力的关系也被长期颠倒了。教师重知识传授，学生重知识记忆，考试重知识多寡，就这样从书本到教师再到学生，始终是死知识的传递。死知识要变成活能力，必须通过运用，运用知识得到获取更多知识的能力，即获得创造力，就像得到知识殿堂入门的钥匙。

语文教学使学生获得了写文章的知识，但这还只是死知识，只有运用这一知识成功地写出文章才算实现了学习的目的。所以，获得能力比获得死知识更加重要。

（五）单一与多样

教学观念和教学形式的单调贫乏使语文教学显得死气沉沉，单一语文教学观指导下的教学实践，不考虑美感因素、情感因素、历史感和时代感等因素，只在字、词、句和篇章结构上下功夫，最终把学生搞得昏头昏脑、目光短浅、心胸狭窄、乏情少理，学生哪里还能写出思想深刻、情感丰富、生动感人的文章！因此，建立大语文教学观势在必行。只有把语文与历史、艺术、科学、音乐、地理、大自然、人类社会紧密结合起来，才能使语文教学充分体现其博大精深的特色。自古作诗文者莫不在诗文之外下功夫，杜甫的诗得之于儒家思想的影响和他在“安史之乱”中的体验，李白的诗得益于儒家、道家、纵横家的熏陶和他的丰富经历。新课程改革倡导开展课外活动、社会实践活动等教育教学活动是符合大语文观的。课外活动能培养人才已被大量实践证明。课外活动是一块肥沃的土地，可以使优良的种子茁壮成长。它不但不应处于从属地位，还应与课堂教学并驾齐驱，比翼双飞。只有这样，才能充分地发挥教学的整体功能。

（六）研究与感悟

研究性学习这一主张的提出本来是为了培养学生的自主学习、深入思考和科学探究的能力，这种学习方式只是诸多有效方法之一，可是这一主张一提出，很快又形成一种一边倒的趋势，不少教师的整个教学过程变成了单一的研究问题：提出问题—讨论问题—解答问题。如果是学习议论文倒也对路，可是学习写景抒情的文章时也这么做，把本该用心感悟体会的情感拿到课堂上质疑讨论、解剖分析，如此训练下去，学生岂不都成了冷冰冰的研究机器？

因此，在教学过程中如何处理好整体感悟和具体探究的关系，是一个关系到全局的问题。关键在于要进行全盘考虑：将研究性学习作为多种选择中的一种来考虑，将理性思考与感性体验融为一体，教学不同文体选用不同的教学方式和方法，教学不同年级应注意循序渐进，使学生成为既有丰富情感又有深刻理性的人，这才是我们应该努力做到的。

（七）兴趣与习惯

不少教师都知道“兴趣是最好的老师”这句话，注重激发学生的学习兴趣。这自然是没错的，问题在于他们只注意到了兴趣，却很少想到习惯。兴趣是很容易丧失和转移的。不少学生往往只凭兴趣学习，今天对语文有兴趣，明天又对数学有兴趣，结果什么都没学好，倒养成了见异思迁、浅尝辄止的坏习惯。

与兴趣相比，习惯往往更持久有力。要学好语文，仅仅有兴趣是不够的，还必须养成一些必不可少的好习惯。例如，正确书写的好习惯，自觉预习、做笔记、复习、自测、总结和完善的好习惯，广泛阅读、深入思考的好习惯，乐于观察、勤于积累的好习惯，用心体会、恰当表达的好习惯，等等。这需要教师在激发起学生的兴趣之后，设法使他们保持这种兴趣、发展这种兴趣，直到养成习惯——“习惯成自然”，有了良好的习惯，学生将会终身受益，善莫大焉！

（八）自主与合作

鼓励学生自觉而主动地学习、独立思考和解决问题，对于培养学生的自学能力来说无疑是意义重大的，但引导和帮助学生合作学习、相互启发、共同进步，意义更加重大。合作学习可以弥补独立学习的不足。正所谓“听君一席话，胜读十年书”，合作学习可以大大节约时间，提高学习效率，胜过自己独自冥思苦想，同时，学生在合作学习的过程中可以交流心得，相互启发，开阔思路，从而学到更多东西。合作学习还可以培养学生关心别人、帮助别人、与人协作、谦虚谨慎等品质，所有的这些都是独立学习时难以得到的。所以，我们在要求学生独立思考的同时，一定不要忘了引导学生走出“独学而无友”的困境，让他们获得更广阔的学习发展空间。

（九）学优生与学困生

学优生与学困生的说法是相对的，没有不变的学优生，也没有不变的学困生，没有什么方面都优秀的学优生，也没有什么方面都落后的学困生。有些学优生其实只是学习成绩较好又不调皮捣蛋而已。如果从创造性方面去衡量，许多学优生倒成了学困生，一些学困生却成了学优生。如果从敢于说出真话、敢于表现个性方面去衡量，情况可能也一样。有一种现象令人深思：为什么同一个班的学生，多年后以前的学困生闯出了一番事业，而当年的学优生要去给学困生打工。这说明事物不是一成不变的，所以，我们要切实从理性和感性两方面辩证地认识学优生和学困生，努力促使二者互助互补，而不是采取一边倒的态度。

（十）过程与结果

关于教学评价问题，我们常常能听到“不但要看结果，也要看过程”这样的话，可是实际上，一些教师还是只看结果不看过程。

在教学过程中，如果一个答案是由教师告诉学生再由学生背下来的，由于它更符合教参，更符合“标准答案”，无疑会得高分；如果这个答案是学生在教师的启发下自己去体会、思考、发现和表述的，它可能没有教师说出的答案那么完善，就可能得不到高分。但是两种答案哪种更有价值呢？

情况往往就是这样，分数说明问题，但只能说明现阶段的问题，不能说明长远的所有问题。对教与学的评价，既应看眼前的成效，更应注重可持续发展。我们一定要按教育教学规律办事，不要犯急于求成、急功近利的错误。在这一点上，教学主管部门负有重大的导向责任。每一个教师和学生都应辩证地看待过程与结果，始终坚持用系统、全面和长远的眼光看待别人和自己。只有这样，教师和学生才能沿着健康有序的道路稳步前进。

二、运用辩证思维更新观念

语文教学观念中存在上述问题，关键在于偏离了辩证思维，未能全面、发展地看待和处理我们面临的问题。因此，想要有效地解决上述问题，就必须运用辩证思维方法，具体问题具体分析，并采取符合教育规律和教学实际的科学方法，从而切实达到更新教学观念、提高教学质量的目的。

仔细观察后可以发现，在语文教育界历次改革浪潮中，有的人迎上去了，有的人顺流而下了，有的人避到一边去了，有的人站在原地看着。观念不同，态度不同，立场也就不同。

其实，正确的观念、态度和立场应该是运用辩证思维的观点，冷静地观察和分析，找到符合教育规律和教学实际的立足点，努力做到既不盲目地顺流而下，也不消极逃避或冷眼旁观，而是立足现实，继承传统，面向未来，用辩证的方法去分析、去批判，对历史上被实践证明了的正确做法，决不因所谓新提法、新浪潮的影响而改变；对未加证明的新观点、新做法，也决不因为它时髦而随便采纳。

（一）面对历史的传统

单就语文教育来说，从古代的私塾教育到近代的新式教育，其中就有很多值得我们珍惜和继承的东西。例如，私塾教育所主张的由简到繁的对课、大量背诵历代经典、从幼年时期起就注重书法训练等，仍迫切需要我们去研究、继承和借鉴。为什么这样说呢？只要看看今天大量学生写作文时文句不通、错字连篇、字迹丑陋、腹中空空、思维混乱的现状就完全明白了。面对古人，我们真是汗颜！看看我们今天的语文教育现状，我们有资格用这样那样标新立异的口号去否定传统教育中的精华吗？新，往往不代表活力；旧，往往也不代表陈腐。面对历史，我们应该保持应有的尊重。

（二）面对现实的困惑

近些年来，语文新课程改革的浪潮颇为迅猛，所引发的困惑也格外令人深思。片面强调发挥学生的主体作用，使教师成了多余的人；片面强调多媒体的作用，使教师成了机器的奴隶；片面强调合作学习，到处可见毫无必要的课堂讨论；片面强调改革创新，使教师丢掉了传统教学中一些好的东西；片面强调能力培养，使基础知识无人问津……面对现实的困惑，我们应该多思考。

（三）面对未来的召唤

面对历史的传统，我们有责任去挖掘、去继承；面对现实的困惑，我们有责任去辨析、去矫正；面对未来的召唤，我们有责任去探究、去聆听！为了培养和造就具备良好语文素养的公民，我们应该始终如一地遵循语文教育的科学规律，不虚伪，不做作，踏踏实实，立足于现实，向历史寻求经验，向现实寻求灵感，向未来寻求信念。无论潮起潮落，信念依然，脚步依然，激情依然！相信怀抱着对教育的真诚，辩证、理性地面对历史、现实和未来，我们就一定能走在符合教育规律的大道上！

第二节

教学观念的重建

一、重建按照教育规律教学的观念

对于中国人来说，汉语作为母语，无论是学还是教，本应该“多快好省”才对，结果却弄成“少慢差费”，并且导致恶性循环的局面，成为我国语文教育界多年来难解的“斯芬克斯之谜”。

多年来，围绕这个问题许多人上下求索，不懈追问：究竟是什么原因造成语文教学效率低下，怎样才能走出这个可怕的“怪圈”呢？作为一名语文教育工作者，多年来我也在为解开这个难解之谜而努力探寻。我找到的谜底是“遵循规律”。因为语文教学的效率低下说到底是因为我们长期以来在许多方面严重违背了教育规律，使语文教学走上了歧途，失去了韵味，丧失了特色。因此，要提高语文教学效率，就必须从遵循教育规律做起。我认为，语文教学应遵循系统科学揭示的以下教育规律。

（一）第一大规律：教育的原理——适应与转化

什么是适应与转化？

适应有两重含义。从狭义上说，包括教师、学生、教材、手段、环境等教学因素相互适应。从广义上说，指的是教育要适应客观规律，适应人的认识和发展规律，适应社会发展的需要。

转化也有两重含义。从狭义上说，指的是教师把知识、情感、思想、能力、方法等通过某种方式转化并传递给学生，学生又把这些转化为自己的东西。从广义上说，指的是教育应当转化为促进人类思维进步和社会文明发展的巨大力量。

在教学过程中，适应是基本的前提和条件，转化则是目的。任何一个教师，任何一个学生，任何一项教育教学活动，只有做到了人与环境、与教育规律相适应，才会有成效，才能实现教学的目的。例如，教师如果备课不充分，就不可能将知识传递给学生；学生如果学习时情绪烦躁，厌倦学习，就不可能将教师和教材所提供的信息转化为自己的东西。可见，适应是一个必要的前提，转化则是教学的目的。适应程度越高，转化的效果就越好，教学的效率自然也就越高。

1. 如何实现适应与转化

了解了这一点之后，我们要探讨的是如何使语文教学实现适应与转化。在传统教学中，违背适应与转化规律的最突出的做法是颠倒了教与学的地位。教学不是教会学生学习，而是不看对象盲目地教。教师占用了课堂上的大部分时间，用以阐发自己的观点，或重复教材上已有的内容。作为学习主体的学生，始终处在被动的、受压抑的境地，渐渐丧失了学习的热情、兴趣和能力。这样怎能适应教学的发展，又怎能实现知识与能力的转化，提高学习效率呢?

鉴于上述教训，我们应采取的对策是拨乱反正，真正把学生当作学习的主人，引导他们自主学习和合作学习。作为教师，我们最重要的责任是促成适应与转化：首先是自己努力适应学生、教材、教法和手段，其次是千方百计帮助学生适应教师、教材、教法和环境，努力促进学生的转化与进步。要实现这些目标，就要做好以下几项工作。

(1) 激发兴趣。

爱因斯坦说，工作最重要的动机是工作中的乐趣，是工作获得结果时的乐趣，以及对这种结果的社会价值的认识，学校应该启发并且加强青年人的这些心理力量。如果一个语文教师通过自己的教育艺术，使学生对语文教材中那些传诵千古的诗词曲赋产生兴趣，对古今中外的名人名家充满敬意，对生动活泼的语文课堂一往情深，对渐入佳境的阅读写作深感愉悦，那么，这样的语文教学就是成功的。因为学生已经很好地适应了教学，在教学过程中成为真正的主人。

（2）培养品德。

爱因斯坦认为，仅用专业知识教育人是不够的，因为通过专业教育，学生可以成为一种有用的机器，但是不能成为一个和谐发展的人；要使学生对价值有所理解并且产生热烈的感情，那是最基本的，同时学生还必须对美和道德上的善有鲜明的辨别力。假如语文教师能够充分利用语文教材蕴含的知识美、情感美、思想美、道德美、语言美等审美内容，培养和熏陶学生的思想品德，使他们懂得学习是一件多么崇高、多么有意义的事，懂得语文是一门多么美妙、多么有价值的学科，那么学生就一定会战胜懒惰和怯懦，勤奋学习，不怕困难，成为学习的主人，去追求进步和成功。

（3）教给方法。

笛卡儿说："最有用的知识是关于方法的知识。"要使学生适应学习，教给他们必要的学习方法是很有意义的。就语文学科来说，要教给学生预习、听课、复习、练习、测试的方法，还要教给他们精读、略读、默读、观察、立意、选材、结构、表达以及联想和想象的方法，使他们可以利用这些方法，尽快适应学习，实现转化。

（二）第二大规律：教育的目的——发展与创造

教育的最终目的是发展与创造。狭义的发展是指通过教育使受教育者在知识、思想、品德、情感、意志和能力等方面得到和谐的发展。广义的发展是指通过教育使人类与自然、人类与社会，以及人的思维和身心得到充分协调的发展。狭义的创造是指某一新观点的提出、新发明的出现、新产品的问世等。广义的创造是指人类创造出新的社会环境和思维方式等。发展与创造是教育的最高境界，是每一位教育工作者都应该不懈追求的。遗憾的是，在传统语文教学中，我们看到的不是发展而是停滞甚至是倒退，不是创造而是僵化甚至是扭曲。我们习惯于硬塞给学生唯一的、僵化的所谓标准答案。例如，某小学语文教师提问：“雪化了会变成什么?”结果变成“泪水”不对，变成“小溪”不对，变成“春天”也不对，只能回答变成“雪水”。毫无疑问，这样的教学不能促进学生创造能力的发展，而是与之背道而驰的，它使生趣盎然的语文学习和无限丰富的思维变成了僵化和枯燥乏味的东西。在这样的教学环境中又何谈教学效果呢？世界是丰富多彩的，学生是充满个性的，答案是多种多样的，为什么我们的语文教学在思维上、形式上、答案上要求千篇一律呢？雪化了变成泪水、变成小溪、变成春天，这是多么富有想象力和独创性的答案！这样的答案不正是我们苦苦追求、殷切期待和值得骄傲的吗？我们由此可以得到以下认识。

（1）教师自身不能发展和创造，势必会阻碍学生的发展与创造。

（2）教师应创造广阔的教学空间，让学生自由地去幻想、去探究、去怀疑、去否定、去肯定、去创造、去发展、去失败、去成功、去失望、去得意……在这个过程中，学生亲身感受、体验、认知，像小树在春风习习、阳光明媚的田野里自由自在地成长。

（3）教师要鼓励学生说出自己的想法和内心的怀疑，要热情赞美每一个有创意的答案、每一句与众不同的表达，即使它们不是那么周密和准确，只要有创造的萌芽在里面，就应给予赞美。

（三）第三大规律：教育的手段——系统与控制

系统科学理论认为，世界上的事物之间都是有联系的，这种有机的联系构成了系统或体系。控制则意味着通过信息反馈来调控事物的发展，以达到预定的目的。对于语文教学来说，遵循这一规律具有重大意义。一些教师不明白这一道理，在指导学生学习时没有全局观念，也没有从整体上进行考虑，而是随心所欲、丢三落四，从而使教学散漫无序，没有效率。比如，写作教学必须遵循循序渐进的原则，全面而系统地训练学生的观察能力、阅读能力、立意能力、选材能力、表达能力，学生只有将这些能力融会贯通，才能形成知识和能力结构，写出合格的作文。如果学生只练习某一种能力或什么都练习一下却什么都没练习好，他们的写作水平就提不上去。因此，美国教育学家布鲁纳在《教育过程》一书中把结构的重要性提到首位，他指出："不论我们选教什么学科，务必使学生理解该学科的基本结构。"这个结构也就是知识和能力的体系或系统，掌握了这个结构就意味着从整体上把握了知识和能力体系，只有这样，知识才是有力量的。想做到这一点，必须运用调控手段，主要是通过信息反馈及时了解学生的学习情况，以达到有效调控学习进程的目的。教师在教学过程中可以利用提问、测试、观察、问卷调查、座谈交流等形式，及时了解学生掌握知识的情况，做到心中有数，并及时采取措施，使教学协调进行。

总之，语文教学改革要切切实实收到成效，必须从根本做起，那就是克服违背教育规律的弊端，回到语文教学的正路上来。语文教学的正路就是遵循上述三大规律，努力运用系统与控制手段，达到适应与转化、发展与创造的教学目的。循着语文教学的正路，语文教学的效率必然会提高，语文教学的"斯芬克斯之谜"也必将不再让人迷惑！

二、重建与时俱进、改革创新的观念

严格遵循教育规律可以保证我们少走弯路，积极奉行改革创新的观念则可以引导我们探索新路。今天，要适应时代发展的要求，我们的教育教学在教育理念、课程标准、教学方式、评价要求等方面都要做到与时俱进，这样教学才能充满活力。这一改革创新的观念在教学过程中体现在以下几个方面。

（一）明确导学目标

一切工作都应该有的放矢，我们在教学中必须首先明确学科导学目标和学生发展目标。

1. 明确学科导学目标

学科导学目标包括知识目标、能力目标和情意目标。如导学《荒岛余生》这篇课文，知识目标应包括了解作者及其代表作《鲁滨孙漂流记》的基本情况，识记节选部分字词的音、形、义等；能力目标应包括能够运用批注法、比较法等阅读方法从整体上感悟课文的内容和主旨，把握课文的线索和结构，赏析课文的语言和写法，并能够在这个基础上进行想象和仿写；情意目标应该是深刻感悟和理解人物在特定环境中善于自我调适、坦然面对困境和乐观面对未来的人生态度，并能够联系自己的生活态度和意志品质进行对比与反省，从而改进自己的行为，提升自己的人格。有了明确的导学目标之后，我们才能高瞻远瞩、胸有成竹、有的放矢地去制订科学的导学计划。

2. 明确学生发展目标

学生的经历、知识、能力、兴趣、情意、个性等存在着明显的差异，不同层次的学生学习状态是大不相同的，发展目标也应有所区别。因此，因材施教、分层指导、培优补差应该是基本的教学策略。通过对学生学习障碍的分析，我们把全班学生分成预备级、起跑级、坚持级和冲刺级四个层级。预备级的学生约占全班学生的14%，他们虽然坐在初一的教室里，可是心智基本还停留在小学三、四年级的水平，要开始正常的初中学习生活，还需要做大量知识、心理和能力的准备。起跑级的学生约占全班学生的34%，他们刚刚具备初中学习条件。坚持级的学生约占全班学生的41%，他们属于在学习上有一定的能力和方法，需要督促和鼓励他们坚持下去的一类。冲刺级的学生约占全班学生的11%，这一类学生属于尖子生，要引导他们胸怀大志、超越自我、追求卓越。作为导师，只有做到明确学生发展的目标，教学才能富有成效。虽然要做到这一点很不容易，但这是我们应该努力做到的。

（二）顺应教学规律

如果我们的教学缺乏成效，那肯定是因为我们违背了教学规律。相反，如果我们的教学卓有成效，那肯定是因为我们顺应了教学规律。我们的教学改革、教学观摩、经验交流，也无不是为了探索教学规律并使我们的教学顺应教学规律。因此，我们在教学过程中要始终严格遵循教学规律。

1. 充分做好预习工作

“凡事预则立，不预则废。”“不打无把握之仗。”“知己知彼，百战不殆。”“好的开始是成功的一半。”这些话都说明做一件事只有做好充分的准备，才能掌握主动权。大量调查研究表明，充分的课前预习，能够使学生自己解决课文中百分之五十以上的问题，在课堂上能够轻松应对教师的提问，把握重点，举一反三。相反，从不预习的学生总是带着百分之百的问题在课堂上疲于奔命，学得既被动又低效。从新课改倡导培养学生自主、合作、探究学习的要求上来看，指导学生做好预习工作，对培养学生的学习习惯和学习能力也是十分重要的。根据我的经验，设计和布置学期预习、单元预习、课前预习或专题预习，对提高学生的学习效率是有好处的。

2. 强化科学训练

新课改倡导学生自主学习，反对以教师的讲解代替学生的操作。课堂上围绕导学目标和教学重点，设计科学精练的训练题，指导学生多动手实践，可以彻底扭转以往“教师满堂灌，学生无事干”的局面，使学生变被动为主动，在自主合作学习和创新学习中培养能力，增长才干，体验成功。

3. 做好系统复习工作

学习的过程始终伴随着遗忘，而复习被誉为“学习之母”。根据心理学家的实验研究，人们当天学到的知识如果不在当天及时复习，就会遗忘一半以上。可见，当天复习对于巩固教学成果来说至关重要。同时，在当天复习的基础上，定期进行单元复习或专题复习，做到“温故而知新”，意义也是十分重大的。

（三）关注课外天地

学生在课堂上的学习机会是大致相同的，其课外的学习情况却是千差万别的。从某种程度上说，学生的成长是由其在课外的行为决定的。因此，我们应高度关注学生的课外行为。

1. 从学习空间看

课堂教学的空间相对狭小，时间相对不足，对于学生的成长来说，课堂教学不过是个“引子”，目的是为他们日后学习打下基础并指明方向，远不是学习的全部。鸟儿只有飞到大自然中去，到蓝天白云、青山绿野中去，才有鲜活的生命。司马迁“穷古今之变，成一家之言”，不是在课堂上实现的，而是通过“读万卷书，行万里路”实现的；毛泽东博古通今、推陈出新，也不是在课堂上实现的，而是依靠手不释卷、集思广益实现的；高尔基从流浪汉到大文豪，是在社会底层经受磨炼后成长而成的；爱因斯坦从笨小孩到科学巨人，是因为热衷于在家自学和思考……无数的事实证明课外学习天地宽！我们必须清醒地认识到，今天教师的作用主要体现在对学生人格的熏陶、意志的培养、方向的指引、兴趣的激发、方法的指导等方面。这就是我们在课堂上应该做到并引导学生在课外去发展的。

2. 从学习方式看

无论课堂教学如何变换方法，仍不免有单调重复之嫌。而课外学习的方式可能是五彩缤纷、充满乐趣的。讨论是学习，争辩是学习，游戏是学习，幻想是学习，发呆也是学习。而且，这样学习的效率往往是惊人的，无论是对于感悟也好，对于记忆也好，对于理解也好，都是这样。如果我们能对课外学习进行切实的指导，将对学生的自主学习、合作学习和创新学习起到巨大的引导作用，而这种学习方式的转变，正是我们在课堂上苦苦追求却不易实现的。

（四）革新教学方式

革新教学方式是这次新课改的核心任务。那么，如何革新教学方式呢？或许以下的一些方法可以供我们参考。

1. 革新观念

观念对于行动总是起着统帅作用，观念不改变，一切都难以改变。如何改变观念呢？我认为，应该由以研究文本为主转变为以研究学生为主、由以研究教法为主转变为以研究学法为主、由重视结果转变为重视过程。即由以往重视钻研教材转变为重视琢磨学生，由重点考虑自己如何教转变为重点考虑学生如何学，由重点研究讲哪些内容转变为重点研究讲哪些方法，由重视告诉哪些答案转变为重视排除哪些障碍，由对不同层次的学生提出同样的要求转变为对不同层次的学生进行不同方法的指导，由单纯、僵化地以分数来评价转化为发展、综合地进行辩证评价，等等。

2. 革新教案

要改变课堂教学方式，应先改变教案编写模式。由以教为主转变成从学出发，由注重如何讲转化为注重如何做，由注重运用哪些教法转化为注重运用哪些学法。读、背、说、议、思、写、仿、练、赏、赛等学习方式灵活运用，中外名著赏析、戏剧知识竞赛、写作知识讲座、焦点问题辩论、课前讲话训练、观察日记评点、优秀作文研讨等教学设计闪亮登场，可以为课堂教学方式的革新提供多种选择。

3. 革新角色

教学方式的革新必须依赖师生角色的革新。如何革新？有人倡导自主学习，导致教师不敢说话；有人主张研究性学习，结果只是学生满堂问；有人让学生化被动为主动，搞得自己被人牵着鼻子走……这都是没能处理好师生角色问题的结果。实际上，课堂上的教师，像导演，像指挥，像统帅，得控制大局，不能大权旁落，不然教师就成了被人架空的多余的摆设，而学生会因此成为乌合之众。所以，教师需要制订学习的目标，设计教学的步骤，调控教学的节奏，指导学习的方法，营造教学的气氛，点燃教学的兴趣。该放的要放，该收的得收，该说的话还得说！师生角色的转变只是教师由过去的以教为主转变为以导为主，学生由以被动受教为主转变为以自主学习为主。把握了这个关键，课堂教学永远会有新气象！

（五）重视情意教育

针对多数学生素质偏低的学情，转变学困生就成为全面提高教学质量的一个战略性问题。转变学困生的关键不在于帮他们弥补知识，而要标本兼治，且重在治本。这个“本”就是他们的兴趣、爱好、品德、意志、情感、态度。总的看来，多数学生学习困难的原因在于没有养成良好的习惯、坚强的意志和端正的态度。具体表现在他们总是不能认真地写完三行字，总是不能专心地读完两页书，总是习惯性逃避学习任务。导致这些问题的根本原因在于他们过于薄弱的意志难以承载很轻微的压力，他们混乱无序的习惯难以适应有条理的行动，他们不负责任的态度难以纠正自己敷衍了事的行为。这些问题不解决，就不可能真正实现学困生的转化。为此，我们应对症下药，从端正做事态度入手，从帮助学生养成良好的小习惯做起，一点一滴，循序渐进。相信水滴能穿石，浪子会回头，只要我们怀着这样的信念坚持去做，今天的学困生有可能成为将来的成功人士。做到了这一点，才是我们新课改的最大成功。

课程体系的批判与重建

第二章

长期以来，语文学科的课程形式比较单一，这不仅导致课堂教学费时低效，也限制了学生的发展。为了改变这种现状，我们必须打破单一僵化的课程形式，建立必修课、选修课、活动课和实践课有机结合的课程体系，让学生借助必修课打好基础，掌握方法；借助选修课拓展视野，深化认识；借助活动课培养兴趣，发展特长；借助实践课形成能力，尝试创造。同时，我们还应重视语文课程与其他课程之间的联系，丰富和充实语文课程的内容。

第一节

课程体系的批判

一、单一课程的弊端

当前的语文课程改革以培养和造就创新人才为出发点，提出了新目标、新思路、新方式、新手段，从而使语文教学有了新的动力和新的发展。但是在课程设置上仍然没有进行根本性的改革，依然局限于只在课堂内做文章，没有为学生提供更广阔的学习空间。鉴于这种情况，我认为教师在进行语文课程改革时胆子应该更大一些，目光应该放长远一些，步子应该更快一些，尽快构建必修课、选修课、活动课和实践课有机结合的新的语文课程体系，使学生在更广阔的空间获得充分自由的发展。

综观我国语文教学数十年的情况，尽管一波又一波的改革浪潮此起彼伏，从未停息，但遗憾的是收获一直不太理想。原因在哪里呢？就在于语文教学活动的空间一直都很狭窄。试想，假如我们不把小鸟放飞到天空，只是一味热衷于在鸟笼里训练其飞翔的能力，纵使花样百出，又能有多大作用呢？多年来语文教学的尝试与改革，情形大致如此。单一的课堂教学形式导致了一系列严重的后果。

1. 出现了“以教师为中心”的局面

几十年来，不知有多少人曾抨击过教师的“自我中心”“满堂灌”“满堂问”等问题，进而提出“主导和主体说”“学生中心论”，但变来变去，是否有一堂课体现了学生的主体地位呢？只是给学生活动的机会多少不同而已。所有课堂都大同小异，都是在教师编织的“鸟笼”里训练学生。让我们实事求是，冷静地想一想，是不是这样呢？之所以会出现这种情况并不能完全由教师负责任，因为课程设置给予教师的也只有这只“鸟笼”而已！教师与学生共处的空间是一样的。在这个空间内，为完成教学任务，教师不得不根据教学大纲的要求来规定教学目标、重点、步骤、方式等，不得不时刻掌控课堂，否则就会乱成一团。可见，“以教师为中心”的局面不过是当时课程计划造成的必然结果。

2. 限制了学生的发展

由于空间狭小、课程内容固定、以教师为中心以及自主性学习难以真正实现等，学生往往必须无奈地接受并努力适应现有的教学模式，否则就可能被淘汰。为掌握课堂上的教学内容，学生必须放弃许多爱好，在课余时间也不得不受到繁重作业的困扰。在这种情况下，他们的兴趣、爱好、志向、特长、潜能等都不能得到充分发展。许多学生学了十多年语文，既不会演讲，又不懂欣赏，也写不出一篇过得去的文章。在这种情况下，即使我们费力地动员学生主动参与，可实际上在这种结实的“鸟笼”里，他们的自主空间又有多大呢？这是由体制的弊端造成的。

3. 导致一些学生高分低能

由于课堂教学形式的限制，无论是阅读还是习作的训练，都不可能有充分的时间和自由的空间，因而学生也就难以形成应有的阅读与习作习惯。所以，学生说到读则难以从容进行、深入体会；说到写则难以仔细酝酿、充分发挥。传统的课堂教学形式绝大多数情况下是统一要求、统一步调的，关注的是共性，学生的个性很难得到张扬。所以造成千人一腔的“学生腔”，导致学生成为为学习而学习、为考试而考试的知识奴隶和考试机器，缺乏浪漫的情怀、深邃的思想、飞扬的文采，只会念书、考试，成为百无一用的“书呆子”。

鉴于以上情况，我认为语文教学必须彻底打破目前局限于课堂教学的格局，构建多元、立体的课程体系，将学生放飞到五彩缤纷的大自然中，这才是我们理想中的大语文教学，这样才能使语文教学焕发出无穷的生命力！

二、时代发展对学生素质的要求

新课程改革的最终目的无疑是更好地培养学生的优良素质。无数事实充分证明：一个人素质的高低是其品位高下的决定性因素。因此，学校教育必须高度重视培养学生的优良素质，使其成为德才兼备的优秀公民和有用人才。

现代教育再也不能仅仅盯在死读书上了，必须由点到面，开拓更广阔的教育空间。倡导由应试教育向素质教育转型也好，进行新课程改革也好，最终都是为了使学生不只会读书和应试，更要具备能够适应时代需求的优良素质。那么，学生应该具备怎样的素质呢？

1. 远大的志向

当今社会庸碌无为、玩物丧志的人不在少数。人不可无志，人无志不立。志向不远大，难成英才；志向不坚定，也难成英才。陈胜躬耕田亩，而有鸿鹄之志。曹操说："夫英雄者，胸怀大志，腹有良谋，有包藏宇宙之机，吞吐天地之志者也。"巴尔扎克说："彼（指拿破仑）用剑未完成的事业，我当用笔完成！"这些都是胸有大志的人，他们最终都有一番作为！

2. 博大的胸怀

自古英雄与凡夫俗子的一大区别，在于英雄的视野纵横三山五岳，英雄的胸怀容纳五洲风云，不会像凡夫俗子那样终日为蝇头小利斤斤计较、夜不能寐，也不会因点滴委屈而耿耿于怀、食不甘味。

3. 高尚的品德

北宋文学家、政治家、史学家司马光在《资治通鉴》中说："夫聪察强毅之谓才，正直中和之谓德。才者，德之资也；德者，才之帅也”，“德胜才谓之君子，才胜德谓之小人”。《论语》中也说：“君子挟才以为善，小人挟才以为恶。”因此，英才应是德才兼备，又红又专的人。诸葛亮“鞠躬尽瘁，死而后已”；张思德全心全意为人民服务；陶行知“捧着一颗心来，不带半根草去”。他们都是品德高尚的人。品德有公德与私德之分，善德与恶德之别。想要成为英才，应先从私德做起。己所不欲，勿施于人。凡有所为，应当先思考对于别人是否有益。高尚的品德与卑下的品德的区别在于：前者损己以利人，后者损人以利己。

4. 正直的人格

人格就像是人的脊梁骨，它是正直还是扭曲，决定了一个人是昂然挺立还是卑躬屈膝。自古以来，教师便有教书匠、名师、人师之分。人师即人格型教师，他们用自己正直、伟大的人格影响学生，成为学生立身处世的楷模。古代的孔子、现代的陶行知都属于人格型教师，前者以身作则，后者“富贵不能淫，威武不能屈”。闻一多横眉怒对国民党的手枪，朱自清宁可饿死也不领美国的救济粮，他们的人格气贯长虹，表现了中华民族的英雄气概。想要树立正直的人格，必须有纯洁的品质、高贵的自尊、坚定的立场、无畏的气概，这样方能宁折不弯！

5. 无畏的勇气

不少人常常会为自己的宏伟蓝图和奇妙梦想而心潮澎湃，可是一到实施之际却犹豫起来，前怕狼后怕虎，成为思想的巨人，行动的矮子。终究是春梦一场随云散，徒叹奈何一场空。戴尔·卡耐基说：“勇气是衡量灵魂大小的标准。”温斯顿·丘吉尔更称：“勇气很有理由被当作人类德性之首，因为这种德性保证了所有其余德性。”我们该如何成为有勇气的人呢？首先要明白勇气不可孤立存在。陶行知说：“我们需要智仁勇兼修的个人，不智而仁是懦夫之仁；不智而勇是匹夫之勇；不仁而智是狡黠之智；不仁而勇是小器之勇；不勇而智是清淡之智；不勇而仁是口头之仁。”

6. 坚强的意志

对于一个想成就卓越的人来说，意志也是人生中不可或缺的。如果没有坚强的意志，我们就可能被困难吓倒，就可能在挫折和失败面前一蹶不振，从而与成功失之交臂。那么，坚强的意志从何而来？一是来自远大的抱负，二是来自长期艰苦的磨炼，三是来自意志坚定者的影响。

7. 巨大的魄力

人在一生中会遇到很多严峻考验、艰难择抉，紧要关头的一念之差，也许会注定一生的命运。当理性已告诉我们该如何行动时，最需要的就是巨大的魄力了。有魄力的人具有压倒一切的气概、勇往直前的精神和奋不顾身的勇气，完全不同于那种患得患失、胆小如鼠、优柔寡断的人。新中国刚建立不久，美国对朝鲜发动战争，并将战火烧到鸭绿江边，毛泽东毅然决定出兵援助朝鲜，表现出巨大的魄力，最终也赢得了巨大的胜利。当然，有魄力并不意味着蛮干，而是在科学分析、知己知彼的情况下所表现出来的坚决果断。巨大的魄力往往与崇高的理想和信念、勇于牺牲的精神、宽广的胸怀、非凡的胆略等紧密联系。

8. 渊博的学识

渊者，深也；博者，广也。教师是传道、授业、解惑的人，应当能举一反三、旁征博引、知其然且知其所以然，这样方能担当解惑的重任。倘若教师自己都孤陋寡闻、一知半解、不懂装懂、颠倒黑白，又如何教育学生？所以，教师应博览群书、满腹经纶、见解精当，这样才能给学生以启迪。应注意的是，学识并不简单地等同于知识，它还应包含深刻的分析和把握本质的能力。

9. 高度的智慧

高度的智慧是人类思想之花。常人习惯于用简单粗暴的办法解决问题，这往往只会使情况变得更糟。唯有富于智慧的人方能化险为夷、举重若轻，获得出人意料的结果。少年司马光砸缸是智慧之举，诸葛亮草船借箭是智慧之举，张翼德智擒严颜也是智慧之举。智慧来自于勇气和创造性思维。

10. 高效的方法

在日常学习中，不少人总是会不自觉地陷入一大误区：以为只要舍得花时间，就能取得好效果，因而不在意运用科学高效的方法去学习，往往只会死记硬背。有人曾调查了几十位诺贝尔奖获得者，他们中的大多数人认为掌握方法比学习具体知识更重要。

11. 谦逊的态度

海能纳百川之流而养其浩瀚之气，人能取百家之长而成为超群之才。人的生命是有限的，而宇宙万物是无限的，以有限的人生去探究无限的宇宙，人总是会感觉力不从心。再伟大的学者在宇宙中也会显得极为渺小，何况是一知半解的芸芸众生呢？即使在芸芸众生中，也是“人外有人，天外有天”。古人明智，故知“三人行，必有我师”，“学而不厌，诲人不倦”。陶行知倡导拜小孩子为先生，真是谦逊之至！没有谦逊的态度而夜郎自大，终究是浅薄之徒和无知狂夫。想要使态度谦逊，一要多学广闻；二要见人之长，知己之短。

12. 健康的体魄

没有了健康，即使有天大的本领又有何用？人生需要很多“本钱”，而健康的身体是最根本、最宝贵的。曹操曾写下“盈缩之期，不但在天；养颐之福，可得永年”的诗句。毛泽东从少年起就“到中流击水”，七十多岁时还横渡长江。健康的体魄不仅来自于锻炼，也得益于合理的饮食和卫生习惯。

13. 充沛的精力

充沛和旺盛的精力是实现远大抱负的必需条件和可靠保证。因为有充沛的精力，毛泽东、周恩来常常通宵达旦地工作，塞纳河上的“福楼拜先生的窗口”成为作家精力充沛、勤奋创作的美谈。充沛的精力以健康的体魄为基础，但并不意味着有了健康的体魄就一定会精力充沛，有些人虽然体壮如牛，却经常提不起精神。

14. 旺盛的斗志

人的一生是一场斗争。在走向未来的道路上，既有芬芳的花朵，也有无数的荆棘，每前进一步可能都要付出艰辛的努力，所以我们应该有旺盛的斗志。

除了上述素质之外，拥有独特的专长、丰富的情感等也都是成就精彩人生所需要的，它们都是新课程应该培养的，自然也是所有语文教师应该利用语文课程去努力培养并使学生具有的素质。

第二节

课程体系的重建

一、构建“四课一体”的课程体系

如何使语文教学的天空更广阔，如何使学生真正学到东西？我认为，语文教学应立足于学生的实际生活和内心体验，这与文学创作的道理是一样的。诚如俄国作家冈察洛夫所说：“我只能写我体验过的东西，我思考过和感觉过的东西，我爱过的东西，我清楚地看见过和知道的东西。总而言之，我写我自己的生活和与之长在一起的东西。”语文教学应立足于不断发展变化的社会生活，从中汲取新的内容和形式；应立足于丰富多彩的人类文化传统，使学生从中获得精神营养和创造能力。在语文教学中，教师应立足于自身的独特经验、个性和风格，用自己的浪漫情怀、睿智思考去感染和启迪学生。我们应在这个基础上构建新的语文课程体系，从而为学生的发展拓展出无限广阔的空间！

鉴于以上思考，我主张从根本上改变目前这种仅仅局限于在课堂教学上做文章的做法，构建由必修课、选修课、活动课和实践课有机结合的新的课程体系，实现语文教学根本性的革新。

必修课、选修课、活动课和实践课既是“四大块”，又是“一大块”；既彼此独立，又有机结合。

它们的关系不是并列的，而是有所分工、有所侧重。我们应以必修课为主，以其他教学形式为辅，必修课侧重打好基础、掌握方法，选修课侧重拓宽视野、促进发展，活动课侧重培养兴趣、发展特长，实践课侧重培养能力、尝试创造，从而摆正“四大块”各自的位置，发挥它们各自的作用，使它们紧密配合。

不仅每一学科的“四大块”要有机结合，还要注意与其他相关学科的密切联系，从而建立起四通八达的教学体系，充分发挥“四大块”的整体功能。尤其重要的一点是，“四大块”是有机结合的，即各部分相互联系、相互协调，具有不可分割的统一性。因为只有这样才能最大限度地发挥学科教学的整体功能，而这一点也正是新课程倡导“四大块”有机结合的初衷和目的所在。

要实现“四大块”的有机结合，就要妥善解决好以下几个问题。

（一）整体性问题

必修课、选修课、活动课和实践课是一个有机结合的整体。如果说必修课是树干，那么选修课就是树枝，活动课就是树叶，而实践课则是果实。它们各有分工，主次分明，相互促进。认识这一点，有助于我们在构建语文教学课程体系时胸怀全局，驾驭整体，充分发挥“四大块”的整体功能，以促进学生语文素质的全面发展。

在大教育观的指导下制订的新课程方案，一改单一的教学模式，使教育教学的内容和形式都极大地丰富起来，给人豁然开朗、焕然一新的感觉。学生像笼中的小鸟飞向辽阔的天空，可以尽情地展翅翱翔了。这无疑会使学生学习的积极性得到激发。

（二）功能性问题

认识“四大块”各自的特点、职责、功能，使它们各司其职、各显其能，有助于切实发挥“四大块”的作用，达到实行新方案的最终目的。

1. 巩固必修课——打好基础，掌握方法

我们应利用必修课即课堂教学使学生掌握语文基础知识、基本理论、基本技能和基本方法。课堂教学犹如一块育种基地，我们应在这儿培养出优良品种，然后让这些种子到广阔的田地里（选修课、活动课、实践课）去发芽生长，长成参天大树。为达到这个目的，对课堂教学的改革应着重突出“求精”的原则，对一个单元中的几篇课文，重点讲授其中的一两篇代表作，让学生获得有关本单元学习的基础知识、基本理论、基本技能和基本方法等，其余几篇课文就放手让学生去自学，从而省出一部分时间和精力去开辟“第二战场”，开设选修课、活动课及实践课，抓学生的课外发展。

2. 开好选修课——拓宽视野，促进发展

由于课堂教学受教学计划、时间、空间和学生的接受能力等因素的制约，许多极富价值的内容无法充分展示给学生，这可能会使学生的发展受到限制。开设选修课正好可以弥补课堂教学的一些不足。例如，有许多学生对文学很有兴趣，希望比较系统深入地了解如何欣赏文学作品，想要更多地了解课文中提及的中外杰出作家的作品；另一些学生则可能对作文很有兴趣，渴望了解作文的奥秘；还有的学生希望了解诗词格律的知识及如何提高朗诵能力；等等。这些愿望在课堂上往往难以全部得到满足。假如根据学生的愿望和教学的需要，有目的地开设一些选修课程作为课堂教学的补充，必能延伸课堂教学的广度，开掘课堂教学的深度，丰富课堂教学的内涵，增强课堂教学的魅力。

3. 抓好活动课——培养兴趣，发展特长

单一的课堂教学模式容易让学生产生厌学的情绪，因为它抑制了学生学习的兴趣、愿望和能力的发展。教师如果能带领学生走出课堂，组织学生开展喜闻乐见的语文活动，如古典诗词曲赋朗诵活动、课本剧表演活动、书法比赛活动、改正错别字活动、不规范字使用情况调查活动、摄影和采风活动等，不拘形式，活泼生动，肯定会受学生欢迎。学生通过活动，培养了兴趣，锻炼了能力，增长了见识，发展了特长，陶冶了情操，语文素养也能得到提高。

4. 强化实践课——培养能力，尝试创造

陶行知曾深刻地指出，教师要在做中教，学生要在做中学，要教学做合一。只有以做为核心，教与学才能有实效。但多年来，我国的语文教学多是说得多做得少，经过多年改革，虽有所改进，但问题并没有得到根本性解决。通过强化实践课，可以使这一问题有根本性改变。至于实践课的形式，一种是开设专门的实践课，如一节课中集中进行写作、练字、朗诵等专门训练，锻炼学生的实践能力；另一种是让学生在社会中实践，以培养学生的能力。将理论与实践相结合，将学生在必修课、选修课和活动课中所获得的知识、认识和体验放到实践中去检验，使知识转化为能力，从而实现学习上的飞跃，实现这一目标的意义远远超过单纯对知识的占有。因为假如学生学习了许多写作和阅读的知识，却不会用它们来指导写作和阅读，那么学生学习的这些知识又有什么意义呢？因此，我们应当大力强化实践，帮助学生通过实践形成能力，再运用能力尝试创造，从而达到教学的根本目的。

（三）系统性问题

教师要由浅入深、循序渐进地考虑问题。例如，在初一年级，应该思考如何构建初一年级的语文课程体系、如何处理必修课、要开设哪些选修课、怎样开展活动课、如何落实实践课，等等。总之，我们应注重系统性，根据学生的年龄、心理，根据他们的兴趣、爱好和接受能力，根据语文教学的规律来决定。初一年级的学生正处于起步阶段，课程设置应侧重培养兴趣和教给方法；初二年级的学生处于最佳发展期，应增加知识的广度和深度，追求高效发展；初三年级的学生处在迎接中考的特殊时期，应侧重应用能力和创造能力训练。如此形成阶梯式渐进的格局，易于实现四种课程的有机结合，收到良好的效果。

（四）实践性问题

语文课程重建的关键在于实践，一是新课程在教学中能否落实，二是与新课程体系相适应的教学评价能否实现，假如这两个问题实践得好，则新课程体系的运作将进入良性循环，这样语文教学必能实现历史性的跃进，万千学生必能如快乐的小鸟在语文学习的天地间自由飞翔、茁壮成长！这是我国语文教育界几代人的美好梦想，也是千百万学生的热切期望。

（五）创造性问题

新课程的理念只是一幅蓝图，要使其最终成为现实，还有待无数人充分发挥艺术创造力去共同努力。要使教师发挥其巨大的创造力，必须进一步更新观念、提高认识、加强研究、积极探索、广泛学习、及时总结，同时必须打破不利于实施新课程的条条框框，在教学方法、活动形式等方面给予教师发挥个人主观能动性和创造性的广阔空间，创设出实施新课程应有的环境、氛围，使师生能放开手脚，教得活，学得活。

（六）统筹性问题

教育主管部门要有计划地组织检查新课程实施情况，有针对性地举办研讨交流活动，及时发现问题，推广成功经验，同时还要高度重视选修课、活动课、实践课教材的统编问题，组织相关专家、教师参与参考资料的编写工作。如果任由各地各校自行解决，因各地各校重视程度不同、教师水平所限、财力不足等原因，可能使教材建设长期处于无为状态。因为没有教材，选修课、活动课、实践课的开设常常难以避免随意性，最终很难保证教学质量，更无法达到预期目的，这样“四大块”的有机结合也就成了一句空谈。

总之，进行语文课程改革，要遵循教育发展规律，循序渐进，在前进中加强协调，提高效率。我们要用发展的眼光看待新课程，积极探索，不断解决新的问题，创造新的条件，总结新的经验，探索新的方法，从而收获新的成果。

二、高度重视学生的课外发展

课外活动犹如广袤无垠、肥沃丰饶的原野，而课堂教学仿佛是培育良种的实验田，良种培育出来后，撒到肥沃的田野里才能茁壮成长。

从历史中我们可以找到无数的例子。屈原固然是“帝高阳之苗裔”，出身高贵，在那个时代受过良好的教育，但如果没有坚持不懈的求索，又怎么能写出《离骚》呢？司马迁固然十岁即开始学习古文典籍，并随经学大师董仲舒、孔安国学习，且因其父为太史令而能博览经史，但如果没有二十岁和三十五岁时的两次大游历，使他得以遍览名山大川、访大禹之遗迹、吊屈原于汨罗、观曲阜、到沛县……他又怎么能写出《史记》呢？曹禺固然在清华大学西洋文学系受过高等教育，但如果没有他自幼便萌生的对京戏和地方戏的浓厚兴趣，没有他在南开新剧团的演员体验，他又怎么能够成为中国现代杰出的戏剧家？至于鲁迅、郭沫若、华罗庚、巴尔扎克、莎士比亚、马克·吐温等，莫不是在他们的“课外活动”这块肥沃的土壤上成长起来的参天大树！

强调课外活动重要并不是说课堂教学不重要。比如说陈景润，他的很多发现都是在“课外活动”中完成的，但如果没有从课堂教学中系统地学习知识，没有课堂上教师的启迪和指导，他也难以有后来的成就。历史上固然不乏未进过校门而仅靠在“社会大学”自学成长起来的英才，但他们付出了比其他人多得多的汗水，走过了更加漫长曲折的道路。如果人人都能在课外自学成长，我们又为何要办学校呢？

课堂教学为学生在课外的成长提供保障。在一个人漫长的一生中，课堂教学的时间较之课外活动的时间是短暂的。对于一个人的最终发展来说，课外活动起着极为重要的作用。我们应该将课外活动放到至少和课堂教学同样重要的地位来对待。

（一）充分认识课外活动的地位和作用

课外活动是指学校在课堂教学之外对学生实施的各种有意义的教育活动。其目的是培养道德素质、文化素质、身体素质、心理素质等方面全面和谐发展的创造性人才。课外活动是整个教育教学系统中不可或缺的组成部分，在学生的成长过程中占据着举足轻重的地位，起着多方面的重要作用。

1. 课外活动的地位

由于受传统教育教学观念的束缚和影响，相当多的人对于课外活动的地位和意义认识不足、重视不够，导致理论脱离实际、忽视能力培养、片面追求升学率等突出问题，极大地妨碍了教育教学的进步和创造性人才的培养，严重制约了学生素质的提高。要从根本上解决上述问题，就必须还课外活动以应有的地位。

未来时代是竞争的时代，一个国家、一个民族要想在竞争中居于有利的地位，最根本的是要靠人的素质。人的良好素质不是天生的，而要靠教育来培养。从我国教育的现状看，传统的单一的教学模式还占据着统治地位，读死书、死读书和教死书、死教书的现象还相当普遍，难以适应未来时代对人才的迫切要求，因此必须对现有教育体制、教育模式进行改革，主要方向就是在搞好课堂教学的基础上重视课外活动，鼓励学生多参与课外活动，锻炼能力。

由捷克教育家夸美纽斯提倡和推行的班级教学制实现了对教学内容和教学时间的有效控制，教师的主导作用在课堂上得到充分的发挥，学生也可以用较高的效率从课堂上获得系统的基础知识和基本能力。但是由于课堂教学用统一的教材、统一的教法和统一的进度来要求几十个性情不同、爱好不同、学习程度不同、特点不同的学生，这就很难做到因材施教，很难顾及学生的个性差异和爱好特长，很难满足学生的求知欲、探索欲、发展欲等，从而会影响学生学习积极性的发挥。而课外活动正好能够弥补上述不足，充分解放学生的天性，使其能够真正做到课内学方法、课外练本领，实现全面发展。

课外活动具有吸引性，丰富多彩的内容、生动活泼的形式、欢快自由的气氛，这些对学生有着强烈的吸引力，使他们不必随时担心教师的提问，不必机械被动地去适应课堂教学的要求，学生的聪明才智会在毫无束缚的状态下得到很好的发展。

课外活动是真正以学生为主体的活动，学生的主动性在课外活动中能得到真正充分的发挥，从而真正成为学习的主人。同时，学生可以根据自己的爱好，探索自己渴望知道的东西。学生以兴趣爱好为前提，自愿选择自己所喜爱的课外活动，这就保证了学生积极性的充分发挥。

另外，走出教室、走向社会、走向自然的学生在实践活动中开阔了视野，增长了见识，也在动手做的过程中锻炼了本领。

课外活动是与课堂教学同样重要，甚至比课堂教学更重要的教学形式，是有着自己的教学大纲、教学计划、教材体系的相对独立的教学系统，犹如鸟的一翼、船的一桨、人的一臂、车的一轮一样，是一个整体中无法分割的一部分。课外活动应与课堂教学有机结合、并驾齐驱，这样才能保证教育教学不断发展。

2. 课外活动的作用

(1) 能够使学生在全面发展的基础上发展个人的特长。

适应社会发展的大教育观认为，在人才培养方面应该在专才教育的基础上进行博才教育，在博才教育的基础上进行专才教育。这就要求学生在全面发展的同时还要有一技之长。要做到这一点，光靠课堂教学是不够的，还必须通过课外活动的渠道去完成。

（2）能够促进手、脑结合。

我国传统教育的一大弊端是教人只用脑不用手，结果只能培养出缺乏创造力的“书呆子”。课外活动具有鲜明的实践性色彩，可以培养学生的动手能力，促使手、脑结合。

（3）能够促进理论与实践相结合。

课堂教学往往局限于传授书本知识，但学生因能力有限而无法将死知识变成活知识。在课外活动中学生可以获得大量的感性知识，并将这些感性知识与课堂教学中获得的理性知识相结合，从而真正学到东西。

（4）能够发展智力，发挥创造力。

学生在课堂教学中获得某种知识，受到某种启发，就在课外活动中去探索它，遇到困难便动脑筋反复思考、动手反复实验，寻求解决问题的方法，在这个过程中学生的智力会得到很好的发展，创造力会得到很好的发挥。伟大的发明家爱迪生的经历就证明了这一点。

（5）能够培养学生的自学能力。

如何培养学生的自学能力，是许多教育工作者多年来致力解决的重要问题。学生的自学能力在课外活动中得到了切实有效的锻炼和培养，基本做到了“扔掉拐棍”，用自己的脑子思考。

（6）能够拓宽学生的视野。

课堂教学的时间和内容是有限的，面对浩瀚的知识海洋，仅靠从教师那儿获得知识是远远不够的。改造世界、发展自我所需要的渊博知识，必须通过自己的不懈努力从一切可能的途径去获得。课外活动就是一种十分有效的途径。

（7）能够使学生受到思想品德教育。

课外阅读、参观、游览等活动可以使学生亲身感受思想的崇高和道德的伟大，从而实现真正的自我教育。只有这种教育才是最为深刻有益的。

（8）能够促进学生身心的发展。

活泼好动是学生的一个鲜明特点，然而在课堂教学过程中学生难以表现自己的这一特点，课外广阔的天地、自由的氛围为他们的身心发展提供了极好的机会。蔚蓝的天空、壮丽的山河陶冶了学生的心灵，丰富多彩的内容赶走了学生学习的疲倦感，有利于学生身心的发展。

课外活动的作用是多方面的，除上述的一些外，还具有培养学生的交际能力，增强学生对课堂教学的兴趣等作用。

（二）严格遵循课外活动的原则与要求

1. 语文教学课外活动的原则

（1）因材施教、发展特长原则。

这是课外活动的基本原则。学生根据自身的个性、爱好、特长，按照自己的心愿参加课外活动，经过锻炼就可发展为特长。若学生不愿参加某种活动，教师硬逼他们参加，反而会使他们仅存的一点兴趣丧失殆尽。

（2）因地制宜、因时制宜原则。

开展课外活动要从实际出发，利用好本地的有利条件。大城市的学生可以到文化馆、动物园等场所开展活动；农村的学生可以到田野、林场、鱼塘等地方开展活动。春天来了，可以让学生观察花草树木，描写春天的景色；冬天来了，可以让学生溜冰滑雪，描绘冬天的景色。

（3）课外活动与课堂教学相配合原则。

课外活动绝不是课堂教学的简单延续，不能将课堂教学中未完成的任务放到课外活动中去完成。但是，课外活动也不是完全独立的，它必须与课堂教学有机配合才能取得最佳的成效。

（4）课外阅读活动与课外实践活动相结合原则。

课外阅读只有与课外实践有机结合，才能达到理论与实践的统一。例如，文学小组的学生课外阅读了一篇很感人的文章，通过教师的评价知道了这篇文章出色的写法，但这只是理论的东西，假如学生仿照着这篇文章的写法也写一篇，就做到了理论和实践的结合。

（5）形式多样原则。

课外活动的重要特点就是富有吸引力和趣味性，如果活动形式单调，学生很快就会失去兴趣。如文学小组的学生可以先去游览、参观、访问、调查，然后写游记、参观后的感受、调查报告；可以举办朗诵会、故事会，写诗歌、散文、观察日记，办故事报等。如果课外活动的形式多样，很少重复，就能使学生感到每次活动都是新鲜有趣的。

2. 语文教学课外活动的要求

（1）要有明确的目的。课外活动与课堂教学一样应有明确的目的，不可随心所欲、放任自流或敷衍应付、马虎从事。每次活动的内容和形式以及要达到的目的，都要认真考虑和安排，要加强计划性，避免盲目性。

（2）活动的内容和形式要符合学生年龄、心理的特点，低年级与高年级要有所区别。

（3）学校、家庭、社会要多方配合。有的家长不理解课外活动的意义，认为孩子出去只是玩耍，因而不让孩子参与，这样做是有百害而无一利的。因此，要搞好课外活动，还要注意取得学生家长和其他方面的支持与配合。

（三）恰当利用课外活动丰富的形式

1. 语文教学课外活动的种类

语文教学课外活动的种类和形式是非常丰富的。概括地说，主要有以下三大类型。

（1）群众性活动。如举办座谈会、晚会、比赛、竞赛，集体看电影、参观、游览等。

（2）小组性活动。如文学小组、朗诵小组举办的活动等。

（3）个人活动。如学生个人阅读、观察、写作等。

2. 语文教学课外活动的形式

（1）课外阅读活动。

指导学生的课外阅读要根据其年龄、心理特征，注意联系课堂教学内容，指导学生精心选择有益的课外读物，切不可放任自流。具体来说应注意以下原则。

第一，适应性原则。教育哲学指出，适应与转化是教育的基本原理，适应了才能转化。内容深奥、语言晦涩的读物令学生如读天书，不但不能从中获得教益，反而会降低他们对读书的兴趣。相反，如果书籍的内容太浅显了，学生读后觉得平淡乏味，也会不适应。要避免上述两种偏向，就必须认真研究适应性问题，通过调查、研究、分析，搞清楚学生到底喜欢读什么样的书籍，到底哪些读物对学生最有教育意义，究竟每个年级的学生适合读什么。初中生、高中生一般都喜欢阅读演义小说、武侠小说、侦探小说、爱情小说、探险故事等。在指导学生进行课外阅读时首先要讲究适应性原则，使其每读一本书都满怀兴趣，渴望去阅读更多的书籍。

第二，目的性原则。既然课外阅读也是整个语文教学的一部分，既然教学本身是有目的的，那么指导学生进行课外阅读就不能是盲目的、随意的。鉴于学生对有目的的阅读缺乏必要的认识，教师应该加强引导，尤其是注意引导学生通过阅读积累词汇、开阔视野、提高审美鉴赏能力等，加深学生对课文内容的理解。

第三，自主性原则。课外阅读活动中应发挥学生的积极性、主动性，教师不应像在课堂教学时那样控制每一个环节，而应在激起阅读兴趣、指导阅读方法、提供阅读咨询、检查阅读效果等方面做好工作，尽可能给学生以自由阅读、自由想象、自由体验的机会，使他们能在最佳状态中获得最佳教益。

第四，巩固性原则。学生在课外阅读中容易犯贪多图快、大而化之、浅尝辄止的毛病，教师对此应给予必要的指导，使其能真正学到知识，并培养思考、写作等方面的能力。较为有效的办法就是要求学生写读书笔记：一是提纲式的，着重记下作品的主要内容；二是心得体会式的，着重记下读书时的心得体会；三是摘录式的，着重摘录书中的妙词佳句。

学生课外阅读活动的形式很多，内容宽广，但无论开展哪种形式的读书活动，都应遵循适应性、目的性、自主性、巩固性等原则。

(2) 语文竞赛活动。

语文教学课外活动除课外阅读活动外，还有其他多种形式的活动，其中语文竞赛活动是开展得比较普遍，也是容易激发学生的兴趣、收到良好效果的形式。我们可以联系语文教学的课堂实际，举行课文背诵比赛、生字默写比赛、纠正错字比赛、演讲比赛、作文比赛、朗诵比赛、查字典比赛等。这些比赛可以有效地调动学生课外学语文的兴趣。

(3) 信息交流活动。

组织学生将各人的读书笔记、读书卡片、优秀习作等拿到一起，让学生相互学习，有助于学生拓宽视野和提高能力，这是一项很有益也很有趣的活动。

(4) 课本剧表演活动。

学过课文之后，根据课文的内容，设计、改编并表演课本剧，可以让学生既加深对课文的理解，又锻炼口头表达能力、表演能力和组织能力。如可以根据《狐狸和乌鸦》《狐假虎威》《皇帝的新装》等课文改编和表演课本剧。

当然，参观访问、实践考察、辩论等也都是语文教学课外活动的形式，组织得法都能收到提高学生的语文学习能力的效果。

(四) 积极推动课外活动的开展与实施

语文教学课外活动的开展和实施是一项紧迫而艰巨的任务，要保证活动取得实效，必须做好以下几方面的工作。

1. 统一思想，引起重视，形成制度

鉴于目前学校教育还没有完全从应试教育转到素质教育的正确轨道

上来，我们首先要从办学指导思想着手，改变将学生置于题海之中的做法，实现陶行知倡导的对儿童的大脑、双手、眼睛、嘴巴、时间和空间等六个方面的彻底的解放；其次要提高家长的认识。因为相当多学生家长的思想还局限在升学应试上，将孩子看日出、捉蟋蟀、读课外书、看电影、打雪仗、参加兴趣小组活动等一概视为不务正业，横加干涉，一定要把孩子关在屋里做作业才放心。如果这一问题不解决，就必定会给学校教育带来严重的阻碍。在解决了上述两方面的问题后，还应根据科学化、系统化、制度化的原则，制订课外活动计划，形成制度并遵照执行，不能说说了事。

2. 层层落实，建立组织，逐步提高

为保障课外活动取得实效，从校长到教师再到学生，要层层落实任务，建立组织，各自认真完成。课外活动不可能没有问题，在活动开展过程中要及时总结问题，摸索经验，逐步提高课外活动的质量。

3. 建立一支强有力的辅导教师队伍

课外活动没有教师的指导是难以顺利开展的。建立一支学有所长、辅导有法的教师队伍可以从根本上保证课外活动的顺利开展。学校应注意这支教师队伍素质的培养与提高，给他们提供参观学习和进修提高的机会，做到既尽力培养又严格要求。

4. 落实时间、地点和经费

学校要落实课外活动的时间、地点和经费等，切实解决具体问题，如果时间无法保障、地点没有着落、经费难以提供，再好的课外活动计划也难以实行。

语文教学课外活动的理论体系和活动规律等还有待研究和探索，这需要所有语文教育工作者和有关部门不断努力，逐步解决，这样才能使这一重要的教学形式很好地融入整个语文教学的课程体系，发挥其强大的教育功能。

教学方式的批判与重建

第三章

教学方式的选择往往决定着教学的成败，运用恰当的教学方式，能较好地激发学生的学习兴趣，提高教学效果。本章分析和批判了以往教学中教师重灌输轻引导、重理论轻实践、重知识轻能力和学生太被动欠主动、太孤独欠合作、太盲从欠探究等问题，主张确立学生在教学中的主体地位，在守正创新、因材施教、循序渐进等原则的指导下重建因势利导的教学方式，引导学生自主学习、自主建构、合作探究，全面提升学生的素质。

第一节

教学方式的批判

一、过于重教导致学力萎缩

当我们从纷繁复杂的教学事务中抽出身来，以一个冷静的旁观者的眼光和心态去审视自己的教学行为、琢磨学生成长的道理、探究学生成功的奥秘时，可能会意外地发现，我们平时努力去做的许多工作，对学生的成长其实并没有什么意义，有些甚至会起到限制和阻碍的作用。这是因为我们过分强调了教的因素，却严重忽视了学的因素。由于教师的越位行为，学生丧失了必要的成长空间，直接导致了教与学双败的后果。因此，在师生共处的空间内，教师不应再像以前那样咄咄逼人，而应该帮助学生树立积极的人生观，以和蔼的态度、睿智的言行去做一个坚持不懈的促进者，鼓励和帮助学生靠自己的努力不断发展，这才是教师的崇高使命和真正职责所在。

以往教育中的主要弊端是教师根本不管学生的兴趣、爱好、愿望和态度，习惯于用粗暴的态度和强硬的手段，把自己的意志强加给学生，这就是人们所说的填鸭式教法。这样做的直接后果就是学生厌学。正如苏霍姆林斯基所说，如果孩子没有学习的愿望，那么我们的全部计划、探索和理论就都会落空。联系我们的教育现状，教师应该冷静地反思一下：在执教过程中，自己是否能深入细致地去了解学生学习上的困难？是否能谦虚谨慎地去征求学生对于教学的意见？是否能循循善诱地去引导每一位学生在做人和求知的道路上健康愉快地发展？大多数情况下，许多教师只管按照自己的习惯和想法去备课、上课、改作业、考试，很少站在学生的角度，为他们设身处地地想一想。如此怎能做到知己知彼、因材施教呢？又怎能将学生的主体地位落实到位呢？推而广之，在各级各类学校，从上到下，办教育的人中有几个是把主要精力用在想方设法提高学生的学习兴趣和转变学生的学习态度上的呢？多数教师还是习惯性地把教材编者们精心挑选过的课文再精心挑选一遍，然后生硬地灌输给学生。拿作文来说，话题是由教师定的，要求是由教师提的，好坏是由教师评的，不管学生喜欢不喜欢写，愿意不愿意写，都必须按教师的意志去完成。这样一来，在整个教学过程中，学生能有什么学习自主权和发展积极性呢？在这种情况下，我们的宏伟目标、崇高追求、新潮理念无论如何花样翻新，又有什么用呢？因此，一切教育的出发点都应该是激发学生的兴趣，端正学生的态度。

如何转变学生的学习态度呢？教师不要指望通过说教来激发学生的责任感，因为实践已经证明说教是苍白无力的，而且责任感对促进未成年人学习的作用是很难持久的。正如爱因斯坦所说，认为用强制和责任感就能促进学习是一个严重的错误。正确的方法应是给予自由。

我国伟大的教育家陶行知在1944年所作的《创造的儿童教育》一文中提出给予儿童五大解放的主张。

第一，解放儿童的头脑。要把儿童的头脑从迷信、成见、曲解、幻想中解放出来，使其创造力可以突围而出。

第二，解放儿童的双手。我们要向爱迪生的母亲学习，让儿童有动手的机会，去探索事物的奥妙，去尝试发明创造。

第三，解放儿童的嘴。儿童有问题要准许他们发问，因为通过问题的解答，可以增长儿童的知识，充分发挥其创造力。

第四，解放儿童的空间。要把儿童从“鸟笼”中解放出来，放飞到“森林”中去，放飞到“天空”中去，让他们去接触花草、树木、青山、绿水、日月、星辰和社会中的事物，扩大认知的范围，发挥创造的潜能。

第五，解放儿童的时间。要把儿童从各种作业和考试中解放出来，让他们有时间去做自己喜欢做的事，去读书，去画画，去做科学实验，去与好朋友交谈，去看电影，去听音乐会，去逛书店和商店，去钓鱼、爬山、放风筝……通过这些活动，他们所得到的是鲜活的印象和亲身的体验，是生活的能力和经验。对儿童来说，这些远比那些枯燥乏味的作业更有趣味和意义。为什么我们非要认为只有做作业才是干正事呢？

由于学生长期接受填鸭式教育，不知不觉中就形成了只会死读书的习惯，这严重阻碍了学生的自主学习和自我发展。因此，要引导学生实现自我发展，就必须彻底转变制约学生成长和发展的学习方式，代之以新的富有生命力的学习和发展方式。

二、学法不当造成效率低下

当前的语文教学中存在着不少问题。从教的方面来说，当教师的没有找准自己的位置，没有很好地尽到自己的责任，没能卓有成效地挖掘和发展学生的潜能。从学的方面来说，做学生的没有形成自主学习的能力，没有成为学习的主人，因而学得很被动、很苦闷，也很低效。

深入探究后我们可以发现，学法问题实际上也是做法问题。

当教师的不知如何教，说到教就是“满堂灌”；做学生的不知如何学，提起学就是死读书。其结果只能是教学效率低下或劳而无功。之所以会出现这样的情况，都是因为没有认真研究做法问题。因此，想要改进教法和学法，应从研究做法入手。

比如，教游泳和学游泳，怎样教、怎样学才最适当、最有效呢？这就要根据具体情况来处理，如果只是在岸上教和在岸上学，不厌其烦地学习游泳理论、背诵游泳须知，即使下的功夫再多，照样学不会游泳。

又如，学习写作理应多写多练，在写作训练中学会写作。可是相当多的人却不想写，而是热衷于分析文章、背诵写作原理，结果到了拿笔写作时总是力不从心。

为什么花了功夫却不见成效？就是因为教法不当，学法不当，教与学都脱离了“做”的实际，成了无源之水、无本之木，这样的教和学只是做无用功。

陶行知说得好：“事怎样做就怎样学，怎样学就怎样教；教的法子要根据学的法子，学的法子要根据做的法子……我们要在做上教，在做上学。先生拿做来教，乃是真教；学生拿做来学，乃是真学。不在做上用功夫，教固不成为教，学也不成为学。”陶行知的这些话深刻地阐明了学法、教法与做法的关系，为我们研究学法和改进学法指明了道路。

第二节

教学方式的重建

一、重建因势利导的教学方式

因势利导的教学方式既包括按照教学规律和学生实际进行教学，也包括根据教学实际进行引导和点拨。这样的教学方式，严谨中有变化，既严肃又活泼，因而是理想、高效的教学方式。

新课程改革要求纠正以往教师重知识灌输而轻方法引导的做法，代之以学生在教师引导下的自主建构与自我发展。为确保成功实现这一目标，我们在实践中应该努力践行以下原则。

（一）守正创新

多年来，在实行课程改革的过程中，有一个经常被人们忽视的问题，那就是矫枉过正，有些教师甚至为了矫正偏向而抛弃了正确的东西。例如，为了矫正课堂上教师讲得太多的问题，有人提出将课堂还给学生，于是有些地方便变成了学生“满堂问”和“满堂吵”。不少教师甚至担心由自己解答问题不符合课改精神，于是改为让学生互相回答问题。结果学生被自己提出的大大小小的问题所淹没，这些问题多数是为提问而提出的毫无价值的问题，不少问题的答案在书上都明白写着，看一眼便知。毫无疑问，这样的问题既无助于训练思考能力，又无助于提高教学效率，只能浪费有限的教学时间。虽然从表面看课堂上很热闹，可是解决不了什么实际问题，其结果是既浪费了宝贵的课堂教学时间，又破坏了教学的完整性、系统性和有效性。又如，为了矫正学生说得多而做得少的问题，不少教师便将课堂教学时间变成做作业的时间；为了改变以往只用粉笔板书的局面，许多教师又变成了滥用多媒体。

实际上，以往我们在教学中积累了许多宝贵的经验，我们在学习新东西的时候，不应该丢掉这些行之有效的老办法。例如，传统教学中重视培养听、说、读、写、思等基本能力的做法，重视广泛阅读、重点积累的做法，重视读写结合的做法等，都是切实有效的好经验、好办法，一旦丢掉了就不可避免地会损害我们的教学。

因此，在考虑转变或创新之前，我们首先应想到守正。不能守正，便必不能成功转变，也必不能有所创新。

（二）因材施教

就学习动力、学习习惯和学习成绩来看，同一个班级里的学生也存在差异，不能“一刀切”。对于有些问题，上等水平的学生可能一听就懂，中等水平的学生可能听几遍才懂，下等水平的学生可能听几遍也不懂。这就要求教师有针对性地采取不同的教学方式和方法。拿讲解来说，对上等水平的学生，只需讲一遍就行了，讲第二遍就属多余，就是在浪费时间；对中等水平的学生，需要讲两三遍他们才懂，有时可能还要辅之以相关的练习才行；而对于下等水平的学生，可能需要单独辅导，逐字逐句地讲，同时还要监督他们做若干遍练习，才有可能见效。所以要转变教学方式，不是教师少讲、学生多练就可以解决的问题。况且，精讲是对的，多练倒不一定都对。对于上等水平的学生，有些练习明明他们做一遍就掌握了，非要他们做三遍五遍，其实是在浪费他们的时间。所以，教学时应因材施教，具体问题需要具体分析和分别对待。

（三）循序渐进

如同开车时转弯太急就会发生翻车事故一样，教学方式的陡转也会让师生难以适应。因此，为求得稳妥的进步，转变教学方式时应遵循人们的认识规律，根据循序渐进的原则，由易到难、由浅入深地进行，这就要制订一个科学合理的计划。拿语文学科来说，要制订一个初中三年转变教学方式、培养自学能力的具体计划。阅读与写作，初一怎么教，怎么学；初二怎么教，怎么学；初三怎么教，怎么学，教师应该想清楚，做到位。比如，教学文言文，初一时可以指导学生对照注释和工具书自学、翻译、讲述，然后教师在这个基础上有针对性地纠正、点评，重视点面结合地反复讲解，使学生掌握相关知识；初二时除了让学生利用注释和工具书自学课文外，还可以适当扩大阅读面，这就要求教师指导学生搜集相关资料，教给学生学习的方法，以提高学生对古文的阅读理解能力；到了初三，在上述教学方法的基础上，教师可以只讲重点和学生容易忽视的问题。

（四）互帮互助

教学方式转变的精神实质和核心内容是让学生逐步摆脱对教师的依赖，培养独立自主的探索精神和学习能力，最终形成创新能力。在教学过程中，教师除了要适时放手外，还要鼓励学生互帮互助。

当学生形成了一定的自主学习能力之后，他们对教师的依赖自然就会降低，但这并不意味着他们在自学时就可以凭自己的能力解决全部问题，相反，每天可能都会有许多问题困扰着他们。遇到困难时他们要到哪里去寻求帮助呢？最好的求助对象当然是同学。同学之间互帮互助，是一种很理想的学习状态。特别有效的是由志趣相投的同学结成学习小组，一起讨论、交流学习中的疑难问题，集思广益，在合作中完成学习任务，这不仅对发展智力有益，对完善人格也有帮助。

(五) 统筹兼顾

转变教学方式不只是教师少讲点和学生多做点这么简单的问题，还涉及其他的许多问题。

1. 班级素质问题

学生素质好的班级，转变教学方式就比较容易实施和见效；学生素质差的班级，要转变教学方式谈何容易！当学生既没有学习动力，又缺乏学习兴趣，更没有形成学习习惯时，让他们自学就等于让他们睡觉、聊天。对这些学生，教师如果不强迫他们听和记，他们会什么都不干。一直有人批判填鸭式教学，其实，在某些特殊情况下，这样做是很有必要的。特别是在以分数决定师生命运的应试教育时期，这样做确实也是出于无奈。当然，总是有人会高谈阔论，说要增加趣味、增加魅力、增强吸引力，不要进行填鸭式教学，可是实践证明这些并不是对所有学生都见效的灵丹妙药。班级学生的整体素质不同，教师所采取的教学方式也应有所不同。

2. 教学评价问题

目前教学评价的主要标准是考试分数，而考试分数除了与教师的教学水平有关之外，还与班级的纪律和学风、学生的家庭教育情况、学生的努力程度等因素有关。例如，科任教师兼任班主任的那个班级，课堂纪律和考试成绩总是明显好于其不兼任班主任的那个班级。这是因为班主任拥有更多奖惩权力，学生自然会对其所教课程更加重视。通常情况下，学校对教师工作的评价往往只看学生的考试成绩，这直接导致多数教师在教学过程中无暇顾及培养学生的自学能力之类的问题，而将帮助学生提高考试分数当作教学中的头等大事。

鉴于以上分析，只有妥善解决了上述问题，才能促使教学方式的转变从理论变成现实。

二、重建自主建构的学习方式

(一) 具备明确的目标和强劲的动力

怎样才能使学生从以往在教师驱使下的被动学习，成功地转化为积极主动的自主学习和自我发展呢？我认为切实解决好以下问题是实现这一目标的前提。

1. 明确目标

每一个有志求学的人在开始学习时都要认真地问自己："我究竟要达到什么目标？"只有当自己对学习目标有了清晰的认识时，学习起来才可能是高效的。

需要指出的是，有些学生习惯于将单纯地获得学科知识作为学习目标，其实这是远远不够的。实际上，就一个人的发展来看，获得知识只是最起码的、最低层次的目标，此外还有更重要的目标，那就是培养能力与和谐发展。

(1) 培养能力的目标。

相信很多人都听过"知识就是力量"这句话，但单纯的、孤立的知识是没有什么用的，只有当知识转化为能力，将死知识变成活知识和活本领时，知识才显出力量。一个人学了很多知识，却不能运用知识来解决实际问题，这种知识再多又有什么力量可言？爱因斯坦说："发展独立思考和独立判断的一般能力，应当始终放在首位，而不应当把获得专业知识放在首位。如果一个人掌握了他的学科的基础理论，并且学会了独立地思考和工作，他必定会找到他自己的道路，而且比起那种主要以获得细节知识为其培训内容的人来，他一定会更好地适应进步和变化。"他还认为："人们把学校简单地看作一种工具，靠它来把最大量的知识传授给成长中的一代，但这种看法是不正确的。知识是死的，而学校却要为活人服务。它应当在青年人中发展那些有益于公共福利的品质和才能……学校的目标应当是培养独立工作和独立思考的人，这些人把为社会服务看作自己最高的人生问题。”

培养能力应从多方面着手。培养热爱科学的思想和兴趣，树立为人类服务的正确人生观，坚持自学并发展爱好和特长，训练直觉思维与逻辑思维，学会从整体上把握事物，这些都是能力培养的重要方面。

（2）和谐发展的目标。

对一个学生来说，在获得知识的基础上又培养了能力，便登上了更高一级的阶梯。在此之上还有一种更高的境界，那就是和谐发展。教育的终极目标就是把学生培养成和谐发展的人。爱因斯坦认为，学校的目标始终应当是在青年人离开学校时，是作为一个和谐的人，而不是作为一名专家。因为一个获得丰富知识和较强能力的人如果在道德上、个性上、心理上是不健全、不和谐的，那么他在生活和工作中也不会有所作为。爱因斯坦之所以能在科学上取得划时代的成就，与他崇高的人格密不可分。他从不把安逸和享乐当作生活目的，照亮他的道路并且不断地给他新的勇气去正视生活的，是善、美和真。从这里可以看到和谐发展对于一个人的意义，和谐发展确实是人类共同追求的最高目标。每位求学的人只有明确地认识到这一点，才不会被眼前取得的一点点成绩所迷惑，也才能在学习的道路上坚定地向着自己的目标前进！

2. 激发学习动力

有相当多的学生学习状况不佳：听课时翻看闲书、胡思乱想、昏昏欲睡；读书时烦躁倦怠、不求甚解、死记硬背；写作业时能拖就拖、东抄西抄、敷衍塞责；考试时则经常是临时突击、伺机作弊、想着及格就好。问及原因，不少学生回答说“没劲”。再问他们为什么会觉得没劲，一些学生回答“讲得枯燥”“不感兴趣”“学好学差无所谓”。一言以蔽之，学生不好好学习，就是因为缺乏学习动力。学生这样去学习，怎么可能有效？长期下去，学生只会陷入恶性循环的泥潭。这对正值人生黄金时期的青少年来说，是何等可惜和可悲！如果不早日改变这种状况，后果可想而知。那么，我们该如何激发学生的学习动力呢？

（1）激发学生浓厚的学习兴趣。

无数事例表明，学生只要有学习兴趣，就会有学习动力。再枯燥的事，只要人对它有了兴趣，就会产生巨大的内驱力，促使人全身心地去研究、去探寻、去争取。美国心理学家布鲁纳在《教育过程》中指出，学习的最好刺激，乃是对所学材料的兴趣。同在一个班级，有些学生可能会将一份材料当废纸一样扔掉，有些学生可能会赶紧捡起来读得津津有味。有人对昆虫毫无兴趣，法布尔却常常为了观察一只昆虫一整天伏在地上纹丝不动，为了捕捉一只昆虫而常常跟着它跳来跳去。爱因斯坦回忆说他青少年时期学习数学、物理时总是怀着极大的兴趣和热忱。

（2）培养学生高尚的品德。

一个精神颓废的人可能只对吃喝玩乐感兴趣，而一个具有高尚精神和远大抱负的人则会积极主动地培养自己对学习的兴趣。毛泽东从青少年时期起就勤奋好学，手不释卷，这是因为他认识到读书可以帮助他找到救国救民的真理。这种认识成为推动他学习的动力，使他对哲学、历史、经济、军事、文学、艺术等均有浓厚的兴趣，甚至到了晚年他还认真学习英语。激起他广泛兴趣的原因在于他那无限远大的雄心壮志。从一代伟人毛泽东身上，我们可以领悟到人的品德与学习兴趣之间的关系。浓厚的兴趣和高尚的品德是搞好学习的关键条件，是促进学习的重要因素。

3. 帮助学生掌握学习方法

火起当用水救，水来需用土掩，假如火起用油来救，水来用水去掩，只会适得其反。可见，事情的成败与方法的选择有着直接的关系。因此，笛卡儿才会说“最有价值的知识是关于方法的知识”。

在学习上，不少学生并未认识到这一点，读了十几年的书，没想到还有学习方法这一说，更不用说有目的、有计划地去选择和运用学习方法了，结果导致他们只会读死书、死读书，认识肤浅，学习效率低下。可见，想要切实提高学习效率，必须抓住学习的关键，从研究和运用学习方法入手。对于学生来说，基本的学习方法是自学和合理整合所学知识。

(1) 自学。

俗话说："师傅领进门，修行在个人。"历史上那些学有所成者莫不是靠坚持不懈的自学。爱因斯坦说他的物理学知识主要是靠自学得到的，他热衷于深入理解，认为"广泛的自学不过是原有习惯的继续"。

如果深入探讨自学的价值，我们就可以看到今天教学上存在的重要问题就是教师总是习惯于不顾学生是否需要、是否有兴趣而强制性地把许多知识硬塞给他们，表面看来是教了不少东西，但只有少部分真正转化为学生所掌握的知识和能力。一方面，自学可以充分调动学生的主观能动性，使学生积极主动、有目的、有兴趣地去选择自己需要的知识和适合自己的学习方法，从而大大提高学习效率；另一方面，自学有利于培养和发展学生的独立思考能力。实践表明，靠自己思考理解后掌握的知识远比由教师奉送的答案更有价值。爱因斯坦认为，使青年人发展的独立思考，对于有价值的教育也是生命攸关的，由于太多和太杂的学科造成的青年人的过重负担，大大地危害了独立思考能力的发展。而有目的、有选择的自学正是保证学习高效的最有效手段。

(2) 合理整合所学知识。

通过不断整合，让所学知识有机地结合在一起，是每位学生都应高度重视和切实掌握的学习方法。布鲁纳在《教育过程》中指出："不论我们选教什么学科，务必使学生理解该学科的基本结构。"爱因斯坦也说："科学是这样一种企图，它要把我们杂乱无章的感觉经验同一种逻辑上贯彻一致的思想体系对应起来。"学生只有学会合理整合所学知识，才不至于陷入琐碎、孤立和零乱的知识堆里，这样才能真正建立起完整的知识体系，从而灵活运用所学知识。比如，学习历史时，孤立地记忆一些历史知识是没有什么意义的，只有通过系统的学习和深入的理解，才能更好地把握历史发展的脉络和规律。同样，孤立地记忆一些写作知识也是没用的，必须尽可能掌握观察、体验、立意、选材、构思、表达和修改的系统知识及相应方法，才能切实提高写作能力。

因此，对于每一个渴望学有所成的学生来说，面对每一天的学习，务必把思考、选择和运用富有成效的学习方法作为首要问题来对待并妥善处理。只有做到了这一点，才能真正成为学习的主人。

（二）遵循学习的规律并运用科学的方法

学法问题是教学过程中的核心问题。各科教学中普遍存在的效率低下问题，说到底还是学法问题。孤立思考、死记硬背的学法严重违背了教育教学规律，想要利用这些学法来提高学习效率是根本不可能的。运用教育科学的理论和方法指导学法改革，重建学生自主建构的学习方式，是提高学习效率的必由之路。

1. 遵循学习规律，控制学习过程

进行学法改革，首先应从宏观上、整体上研究学习规律、审视学习过程。根据系统科学原理，学习是一个复杂的过程，包括预习、听课、复习、练习、实习、考察等，在这个过程中如果不能实行有效的控制，不能科学有序地把握各个学习环节，就必定无法达到预期的学习目的。而按照科学的学习方法，就应该不遗漏任何一个环节，就应该严格依照既定程序进行。学习时首先应做好预习，了解学习的基本内容、重点、难点、疑点，做到心中有数，这样上课时才有主动权，才有高效率。由此可见，对学习各环节进行有效控制和把握是何等重要。遗憾的是，目前相当多的学生学而无法，既不预习，亦不听课，更懒得练习和复习，平时基本上是漫无目的地学，临近考试则突击死记硬背。少数制订了学习计划的学生，也因各种干扰半途而废。因此，用科学的学习方法武装学生，应成为我们高度重视并切实解决的关键问题。

2. 根据学科特点，选择最佳学法

有的学法在某一学科中很有用，在另一学科中并不适用。学习语文应勤于积累，学习数学应多加练习，学习理论应联系实际。文科多偏重形象思维，理科多偏重逻辑思维，学科不同，学习方法理应不同，具体问题应具体分析并区分对待。这里有一个特别值得注意的问题，学习某一学科时可能运用多种方法都是有效的，此时应当仔细比较，选择最好的方法。所谓最好的方法，标准包括：一是最符合学科特点；二是最符合自己的实际；三是最容易收到成效。

3. 依据个性特征，完善学习方法

心理学研究成果表明，适合学生个性和兴趣的东西最容易引起他们的注意，也最容易被接受。因此，选择学习方法时不能不考虑个性因素。例如，性格外向的学生爱说、爱动、爱交际，活泼自信，所以采用交谈、讨论、实验、操作等学习方法的收效好；性格内向的学生通常爱静、爱读、爱思考，注意力集中，忍耐力较强，可选用设疑、联想、思考、写作等学习方法。但上述两种性格的学生也各有不足，前者灵活有余而严谨不足，应注意多思考；后者严谨有余而灵活不足，应注意多交流，以开阔思路。

总之，学习是一门科学，只有用科学的方法才能达到目的。不少学生对此缺乏应有的认识，总以为只要舍得花时间记忆，就会有好成绩，岂不知运用的方法不当，往往学而无功。古人说："工欲善其事，必先利其器。"民谚说："磨刀不误砍柴工。"这都说明了工具和方法的重要性。因此，运用教育科学原理作为指导，从微观到宏观，从局部到整体，对学习过程和学习方法进行根本性改革，是我们当前的一项极为迫切的任务。

课堂教学的批判与重建

第四章

课堂教学是学生获得基础知识和基本能力、掌握学习方法的主要渠道，课堂教学的成效在很大程度上决定着学生的语文学习质量。本章对语文课堂教学中普遍存在的问题进行了批判和分析，主张运用系统科学的原理和规律来指导语文教育教学活动的实践与创新，构建语文整体教学的结构体系，提出了三阶段九环节单元整体教学的思路，同时也对革新课堂教学形式和提高教师素养等方面进行了一定的探索和思考。

第一节

课堂教学的批判

一、孤立零碎是语文课堂教学的病根所在

许多年来，语文教师无不为语文教学的费时低效而苦恼。上课前，大家都精心备课，钻研了又钻研；上课时总是费劲地讲解，生怕漏讲了什么；认真批改作业，为此经常加班到深夜。毫无疑问，这些都是必要的、难能可贵的。可是有一个最简单、最基本也是最重要的问题却被忽略了，这就是语文教学究竟为什么吃力不讨好？对此自然可以罗列出一大堆原因。然而，最根本的原因是什么呢？我们必须找到这个原因才有可能从根本上解决问题。一个人头痛、发热、咳嗽、流鼻涕，这都是病症，治愈它们不能只顾服用止痛片、去热片、止咳片，准备一大堆擦鼻涕的手绢，最要紧的还是找到病根，对症用药。语文课堂教学中根本问题的解决也是如此。要找到语文课堂教学的病根其实并不难，只要我们对以下问题略加分析就可以找出。

其一，语文究竟是一门什么课？

对于这一问题，我们通过分析语文自身的特点就可以得出答案。语文在内容上囊括古今中外，包蕴天地万物；在形式上千姿百态，变化无穷。它不是数学课，却包含颇多数学知识；不是哲学课，却蕴含颇多哲理。语文是什么？是教人识字的工具，是让人明理的科学，是使人高尚的艺术。语文是一个宏伟壮观、美妙绚烂的世界，绝不是有些人眼里的

断句残篇。

其二，语文应该怎样教？

毫无疑问，是什么性质的课就应该用什么样的方式去教。陶行知说："事怎样做就怎样学，怎样学就怎样教。"语文的内容博大精深，与历史、与生活息息相关，密不可分；语文课形式多样，如百花，如云海，气象万千，变化不断。内容上要活，才有生命力；形式上需变，才有生动性。语文教学始终要做到"活"和"变"，才能有大收获。当然，这种"活"和"变"，不是随心所欲、任意为之的，而应该像杰出的交响乐队那样，依照和谐严整的乐谱进行有序的变化，不允许任意演奏，只有这样才能演奏出变化万千、激动人心的乐章。与此同时，作为课堂教学中的指挥员和导演的教师应具备卓越的素质和高超的技能。

其三，语文教学的现状是怎样的？

在当前的语文教学中，各种各样的教法层出不穷，可谓"八仙过海，各显其能"。但很多语文教师经常孤立地、缺乏系统性地进行教学，他们往往不太关心每篇课文在内容与形式上的联系和差异，以及各篇课文在单元教学中的地位，教学时总是千篇一律地认生字、讲词语、造句子、说段意、找中心、分析特色。小说这样教，散文还是这样教；说明文这样教，议论文还是这样教；现代文这样教，文言文还是这样教。课堂上，教师孤立地教，学生孤立地背；教师零碎地教，学生零碎地忘。学生就像猴子掰玉米，不知道用筐子装起来，用绳子串起来，结果掰了后一个丢了前一个，累得满身是汗，收获却很少。

二、单调乏味是语文课堂教学的致命缺陷

当一道菜肴具备色香味诸要素的时候，自然会成为让人垂涎欲滴的美味。同样，任何一门课程也只有具备了它的"色""香""味"，才能引

起学生的学习兴趣。遗憾的是，我们很难在语文课堂上感受到它的“色”“香”“味”，相反，感受到的只是单调乏味。

造成语文课单调乏味的原因，一是教材方面的问题，不少课文本身就缺乏能够吸引学生眼球的亮点，也没有能够引起学生兴趣的内容，之所以选入教材，主要是出于让学生了解某一文体的考虑；二是教法方面的问题，教师的教法单一，老生常谈，千篇一律，长此以往，难免令学生厌倦；三是考试的问题，试卷的内容繁杂，题目琐碎，阅读题与作文题出得很随意，学生很难把握规律；四是写作文的问题，立意难、取材难、组织语言难、下笔难、得高分难，这令学生望而却步；五是语文教师的素养问题，如果一个语文教师既不博学又不幽默，教学方法生硬，语言乏味，即使是一篇有趣的好文章，也难以教出趣味来。

鉴于这些原因，要让语文课堂焕发生机、充满活力、富有趣味，确实需要我们花大力气从多方面努力解决。

第二节

课堂教学的重建

一、精巧设计构建完美课堂

艺术创作也好，工程建设也好，社会活动也好，课堂教学也好，要达到理想的效果，其前提无疑是要有一个尽可能完美的设计。因此，设计时必须遵循实事求是、统筹规划的原则，综合考虑许多相关问题。下面试以本人设计和教学《苏州园林》为例，说明教师在构建完美课堂时应注意的一些问题。

（一）有的放矢

要创新教学设计，首先应明确教学目的，有的放矢地进行构思设计。正如陶行知所说，要使学生对于一个问题处在疑难的地位，要使他们审查究竟所遇到的是什么疑难，要使他们想办法去解决并想出种种可以解决疑难的办法，要使他们推测各种解决方法的效果，要使他们将那最有成效的方法试用一下，要使他们审查使用方法能否解决这个疑难，要使他们印证所用方法是否屡试屡验。解决疑难是学生上课的目标，自然也就是教学设计的重点所在。假如课堂上师生齐心协力朝着这一目标努力，就能实现高效教学。例如，对《苏州园林》这一课的导入部分进行教学设计时，就要从学生预习时遇到的疑难问题入手，一步步设计教学环节，引导学生循序渐进地去解决那些问题，最终达到教学目的。

（二）因材施教

班级学生的情况不同，课文不同，教学设计也应该不同。针对所有学生，使用统一设计，提出统一要求，按照统一步调，明显不符合实际，也很难收到理想的成效。

对学生基础好的班级，教学时应该多扩展；对学生基础差的班级，教学时应该重基础。教学时不要统一要求，不要强求一致，否则教学很难见成效。我们应该具体问题具体分析、具体处理。实践证明，实行分层教学无疑是一个不错的选择。

（三）合理取舍

一节课的容量应该是适中的，既不可贪多求全、面面俱到，也不可只顾一点而不顾其余，而要进行合理的取舍。学生自学时能够解决的、可以延伸到课外解决的问题等都可以省略，只保留最重要的核心问题和疑难问题在课堂上着力解决。这样就能够做到主次分明、重点突出，充分保证课堂教学的实效和高效。

要做到这些，必须先进行调查研究。执教《苏州园林》这一课时，我通过课前调查获悉，我们班学生中无一人游览过苏州园林，所以在备课时便用文字和图画对苏州园林的特点进行了必要的介绍，同时对课文独具特色的语言也做了重点介绍，而关于说明方法及其作用的知识因为前面已经讲过，在课堂上就略讲一下。

（四）系统整合

进行教学设计时，应该用系统的、整体的思维去考虑。如何导入新课、检查预习、引导阅读、启发思考、组织讨论、布置练习、安排检测、及时反馈、总结升华，均应全面考虑，这样才不会出现顾此失彼、喧宾夺主等问题。我在执教《苏州园林》一课时，安排了导入新课、预习检查、常识简介、课文导读、鉴赏思考、练习检测等环节，构成相对完整的结构，较好地达到了教学目的。

（五）切实可行

平时我们往往习惯于从自己的主观愿望出发，忽视了学生的接受能力，经常把教学目标定得过高。例如，执教《苏州园林》这样篇幅较长的课文，我本想用一节课，可是冷静思考后发现，如果这样教学，很多内容只是蜻蜓点水式一带而过，不能深入探讨，这样当然可以教完课文，但是很难保证教学效果，也无法突出重点。因此，教师应在充分考虑课文的内容、难度和学生能够接受的程度与水平的基础上仔细斟酌，制订切合学生实际的教学目标。

（六）循序渐进

由浅入深、由易到难、循序渐进是我们应该遵循的教学原则。教学过程中由激发兴趣、引起注意到启发思考、讨论练习，再到探究运用和总结升华，整个过程应该循序渐进，逐步展开。我在执教《苏州园林》时导入部分采用激趣导入法，由动物筑巢的趣事引出人类建筑的话题，再引出人类建筑的典范——苏州园林，思路清晰自然，学生很容易接受。导入之后，再逐步展开诸环节，如明确学习目标、检查预习情况、指导课文阅读、重点鉴赏思考、组织练习检测、引导延伸阅读等，环环相扣，逐步深入。

（七）及时反馈

我在执教《苏州园林》时安排了当堂检测的环节，通过即时反馈及时了解了学生的学习情况，据此决定应复习巩固哪些知识、补充强化哪些练习。

其实，为了及时了解教学情况，教师还可以采用问答、抢答、听写、默写等方法获得教学信息。教师在获得教学信息的同时也要及时进行教学评价，与学生进行信息交换。只有及时进行双向的信息输入与输出，才能达到理想的教学效果。一旦信息反馈时间延迟太久，学生对结果的关注度就会大大降低，这时再进行反馈就难以收到满意的效果。

（八）机动灵活

教案是死的，人却是活的。因此，教师应学会变通，即使做好了教学设计，也应该及时捕捉课堂上闪现的智慧火花，让课堂绽放华彩，而不必死抠教案。现在的教育中形式主义横行，教条主义猖獗，形而上学泛滥，教师评价时不顾实际，不知变通，严重制约了教育创新，压抑了师生的个性。

（九）扬长避短

每个教师的阅历不同、志趣不同、爱好不同、个性不同、风格不同、特长不同、理念不同、习惯不同，要求他们运用相同的教学模式，必将压抑其个性，限制其发展，也会降低教学效果。因此，应贯彻“百花齐放，百家争鸣”的方针，打造“八仙过海，各显其能”的局面，使长于讲的教师多讲，长于演的教师多演，长于读的教师多读，长于写的教师多写，从而使教学充满活力和创造力。事实上，每个教师各有性情，各有所长，各有所好，教学中应扬长避短。

（十）实事求是

实事求是应成为教学中总的指导思想。教师和学生都应唯实、唯真而不唯上，有自己的调查研究、分析思考、探究追求，唯有如此，高效课堂才不只是一个美梦！

二、心灵碰撞打造和谐课堂

情感因素是文学作品的灵魂，也是点燃读者感情的火种。语文课要走出平淡乏味的泥潭，就要借助情感共鸣这个法宝。

我至今还记得几年前教学朱自清先生的名作《背影》时的情景。这篇课文我读过很多遍，也教了很多遍，但是再教这一课时依然感到它很不简单。如果只是带领学生把课文读一读，对重点句段议一议，这很容易。可是这样教学的话，学生的收获十分有限。掩卷沉思，用心感悟，由作者父亲的背影，想到我父亲的背影，想到别人父亲的背影，我深刻地认识到父亲的背影是一页记载着父亲的生命密码却一直被子女们忽视的天书。这神秘的天书，只有用心才能够读懂，而做子女的如果能及早读懂，对自己的人生将会产生极为深远的影响。从语文教学的角度看，只有做到了这一点，才能使学生产生强烈的情感共鸣。当我有了这样的理解后，教学设计顿时了然于胸。

开始上课时，我说："同学们与父亲朝夕相处，对父亲的音容笑貌十分熟悉，对父亲的背影应该也不陌生，现在就请同学们描述一下自己父亲的背影吧!"

教室里十分安静，几乎没有人能清楚地描述自己父亲的背影，有些学生甚至对自己父亲的背影根本就没有什么印象。学生的这一反应，在我的意料之中。其实设计这个教学环节的目的，只是为了引起学生对父亲背影的关注，从而使他们把自己的人生体验与课文内容结合起来。因为根据我的经验，教学时若不能把课文内容与学生的人生体验联系起来，往往很难引起学生的兴趣，因为他们不会关心与自己无关的东西。因此，在反复阅读课文，读懂课文字面意思，使学生对作者的父亲产生同情、关切和尊敬之情的基础上，我引导学生深入体验课文所表达的真挚感情。

第二天上课时，我组织了一次以“读懂父亲的背影”为主题的讨论会。讨论会上，我用课件出示了以下内容。

问题一：

某省教材编委会以70%的中学生认为《背影》中的父亲“形象不潇洒，随意穿越铁道”为由，将《背影》从初中教材中删除了。你同意他们的说法与做法吗？

问题二：

从幼年到童年再到少年，父亲与你朝夕相伴，每天呼唤着你，照顾着你，关爱着你，生活上关心你，学习上督促你，做人上教诲你，处世上开导你，多少关怀，多少爱护，点点滴滴都饱含着父亲博大深沉的“铁汉柔情”。也许你的父亲平时对你总是一副严厉的面孔，但是在此之外，一定还会有另一副温和的面孔，就像父亲动人的背影。仔细观察父亲的背影，你有什么新的发现吗？请谈谈你对父亲新的认识。

由于前一天已经给学生布置了讨论题，大家都提前做了讨论的准备，再加上课堂上我的“煽风点火”“推波助澜”，所以学生讨论的气氛异常热烈。

对于第一个问题，我以“如果像某些人所说的那样只有形象潇洒的人才配做父亲，这样的父亲才有资格被写入课文，那么是不是只有极少数舞台上光彩照人的歌星和影星才配做父亲、才能被写入课文呢？朱自清的父亲因为穿着朴素、体态臃肿，是不是就不配受到尊重呢”作为开场白。听了我的话，学生纷纷举起了手，连平时很少举手发言的几个学生也高高地举起了手。

有的学生说，说这种话的人可真是没有良心，难道他的父亲年老了、不潇洒了，他就不认父亲了吗？有的学生说，古人都知道“儿不嫌母丑，狗不嫌家贫”的道理，难道当今时代的那些总是教育别人的所谓的专家连这点道理都不懂吗？有的学生说，光是外表潇洒有什么用，有些在台上外表潇洒的明星，到了台下不是也打架、偷税吗？这样的人有什么值得尊敬的？朱自清的父亲虽然外表不潇洒，可是他在生活那么艰难的情况下，还坚持送儿子到车站，无微不至地关怀儿子，表现了一个父亲的舐犊之情，难道这样的父亲不值得尊敬、不配被编进课文中吗？有的学生说，朱自清的父亲穿越铁道是被迫的，因为他必须冒着危险，拖着并不灵活的身体费力地跳下去又爬上去，才能到对面的站台给儿子买橘子，这恰恰表现了父亲的伟大和慈爱！如果因此而责怪父亲不遵守交通规则，还不如怪那时的铁道部门没有建天桥或地下通道供行人通行，又不准小贩到铁路这边来卖东西，害得父亲要费那么大周折才能买到橘子。有的学生说，即使父亲违反了交通规则，也是情有可原的，并不有损他作为父亲的形象。看到学生如此为文中的父亲辩护，义正词严地谴责某些“没良心的人”，我想这篇课文真的打动了大家的心。

在讨论第二个问题之前，我先向学生叙说了父亲送我上大学的情景。我说：“父亲送我上大学的情景，与《背影》中所写的有颇为相似的地方。那时我已经十九岁，虽说家乡与要去的学校相距千里，可是有同学同行，应该不会有什么问题，况且那时父亲工作很忙，家中经济拮据，完全可以不去送我。可是父亲坚持要送我去学校，他帮我扛着行李，乘轮船，坐火车，转汽车，一直把我送到学校。到了宿舍，他帮我铺好席子和被褥，然后又四处打听报名手续怎么办，并亲自帮我报名、交费、注册。忙完这一切，父亲又带我到商店，给我买了毛巾、牙刷、牙膏，出乎意料的是，父亲还给我买了一面小镜子。忙完这一切，已是傍晚了，父亲没有留下来住一晚，甚至没有顾得上吃一顿晚饭，就忙着回家了。因为家里还有我的弟弟妹妹们需要他去照顾，还有工作等着他去做。在分别的街头，父亲又一次叮嘱我要好好学习，团结同学，不要想家，然后让我赶紧回学校。我站着不动，说等一会儿就回去。在这异地他乡，我舍不得父亲离开。他转身走了几步，又回过头来，说：‘常给家里写信。’望着父亲那熟悉的单薄的背影在夕阳的余晖里慢慢离我远去，想到以后我将一个人在异乡求学，我的眼泪不由自主地流了下来。我们兄弟姐妹多，父亲的压力很大，他年轻的时候脾气很急，对我也比较严厉。这次送我到大学，使我看到了父亲的另一面，我也知道这才是真实的父亲。同学们，你们的父亲又是怎样的呢?”

说到这里，我看了看坐在教室后排的郑秋和冯春阳同学。郑秋的父亲在郑秋八九岁的时候因为犯法被判刑十多年，郑秋在言谈中和作文中多次表达了对父亲的怨恨和鄙视。也许正因为这样，他整天嬉皮笑脸，一副玩世不恭的样子。而冯春阳在作文中也曾历数父亲赌博、酗酒、打人的种种劣行，毫不掩饰他对父亲的反感。

我看了看他们俩，停顿了一会儿后接着说：“也许你的父亲曾犯过严重的错误，或者平时有许多劣习，对你造成了深深的伤害，让你感到痛苦。可是在你怨恨他、责备他的同时也要认识到，无论他犯了什么错，他毕竟是你的父亲，毕竟深爱着你，他一定会比你还痛苦，并且会生活在悔恨中。你曾经设身处地地为你父亲着想过吗?”

我的话音刚落，冯春阳同学率先站起来发言，他谈到父亲的种种不是，谈到他和妈妈、姐姐如何联合起来对付他的父亲。随后他说：“学了《背影》这一课，我对父亲有了不同的认识。我懂得父亲酗酒、脾气坏并不是天生的，而是因为每天在建筑工地上干活很累，所以就想借喝酒、打牌、发脾气来发泄。我们不仅不理解他、安慰他，反而都躲避他、不理他。特别是我，成绩很差又不好好学习，这使他的脾气变得更坏。在父亲的几个孩子中，只有我是男孩，父亲对我寄予了特别大的希望，我上小学时，不管家中多么困难，他都会尽量满足我的要求，给我买来许多玩具、图书、文具。由于我太贪玩、不知上进，成绩一直很差，父亲才越来越灰心。学了《背影》一课，读了作者写父亲背影的那一段话，我受到很大的震动。那天回家，我第一次有意偷偷地看了父亲的背影，发现才四十多岁的他头发已经白了很多，背也驼了，右边的肩膀看起来比左边的肩膀低了很多，这都是累的！我以后要学会体谅父亲，努力提高学习成绩，我相信父亲一定会改掉原来的恶习的!”

冯春阳的发言刚刚结束，郑秋就站了起来。让我惊讶的是，往日的郑秋始终都是嬉皮笑脸的，可是在今天的讨论会上，他的表情是凝重的，他的情绪是激动的。他说，他的父亲犯法入狱后，他不仅在童年就失去了父爱，而且经常被同学侮辱和取笑，因此他怨恨父亲。“可是学了《背影》这一课，听了老师和同学的发言，让我想到小时候每到星期天父亲就会带我去河边钓鱼，带我去草地上放风筝，让我骑在他脖子上摘树上的柿子。这些年他在监狱中，我一次都没有去看过他。他虽然和妈妈离婚了，但是还多次写信嘱咐妈妈要好好对待我，别让我在失去父爱后也得不到母爱。我知道父亲现在一定很后悔他当初的行为，我相信他一定会改好的。我已经想好了，等他从监狱中出来，我就去找他，我要和他在一起生活……”郑秋哭着说。他哭得那么伤心，我们大家都被深深地感动了。由于说得太动情，不知从什么时候起，他开始用四川方言陈述了，但是没有人忍心去打断他、提醒他。我想大家一定都和我一样，既感动又惊讶。“男儿有泪不轻弹，只因未到伤心处。”一向顽皮的郑秋，即使在有一天正上课时，被他妈妈从教室里揪着耳朵带出教室，都不曾流过一滴眼泪，今天当着老师和全班同学的面，竟毫无顾忌地哭了起来。我由此想到他平时的嬉皮笑脸，可能正是内心痛苦的一种曲折的反映。在那次讨论会之后不久，郑秋就转学回四川老家去了。听说他的父亲因为表现好被提前释放了。郑秋兑现了自己的诺言，回到了他父亲的身边。他转学一年后曾经回过深圳，有同学见过他，说他变化很大，比以前有礼貌多了，仿佛成熟了很多。我想他的成长和变化，或许与感悟父亲的背影不无关系吧。

讨论会之后，我要求学生以《读懂父亲的背影》为题作文，以巩固和升华学生的认识。

有人说，父亲是一本很有内涵的书，一辈子都读不透。也有人说，童年的时候，仰视父亲，觉得父亲无所不知、无所不能，就像是自己依靠的一座高山；青年的时候，开始平视父亲，觉得父亲并非那么高大，很多地方自己已经超过他；中年的时候，再次仰视他，发现父亲原来是这么高大，多想再好好听一听他的教诲，可是此时父亲已经不在了。这应该是许多人感悟父亲的心路历程。所以，读懂父亲，对自己的人生来说是一笔珍贵的财富。优秀的文学作品是生活的教科书。作为语文教师，应该帮助作者完成其作品肩负的使命。我想《背影》这一课的教学大概接近这个目标了吧！

《背影》这一课的教学给了我颇多感悟和启迪。

第一，教学过程的设计应该遵循由浅入深、由此及彼、由感性到理性的原则，这样才能使教学严谨有序、富有成效。我执教《背影》这一课时，让学生从了解写作背景开始，在反复阅读文本、感悟理解文本的基础上联系自己的人生经历和内心体验，通过讨论和写作升华思想感情，使教学目标的达成变得水到渠成。

第二，按照新课程改革的理念，语文教学不仅要体现其工具性，还要体现其人文性。因此，在教学时从介绍写作背景到朗读体会文本，再到发言讨论和写作表达，我力求让真挚的感情贯穿始终。因为情感既是这篇课文的灵魂，又是这堂语文课的灵魂。只有依靠情感的共鸣，使作品发挥移情作用，才能更好地实现教学目标。

第三，通常而言，人们只会对那些与自己有关的事物感兴趣。或者说，只有认识到事物对自己是有意义的时候，人们才会用心去学习。教师在教学时务必认识到教学内容与学生心理的联系，务必找到二者的契合点，并使之牢牢结合，这样才能把学生吸引到学习中。通过对父亲的背影的观察、讨论和写作，我基本做到了这一点，使文中父亲的背影与学生父亲的背影结合起来，使学生的心灵与作者的心灵、教师的心灵产生共鸣。陶行知先生说过，教育若不能改变人的内心，便不是彻骨的改造。因此，我们有理由相信，在我们的教育教学工作中，任何一件事若不能做到让学生感动和信服，终究是无益的。

三、系统科学造就有序课堂

控制论、信息论、系统论作为强有力的科学方法论，对自然科学和社会科学产生了极其重大的影响。作为语文教育工作者，我们应学会研究和运用其基本原理。

1948 年，美国学者维纳出版的《控制论（或关于在动物和机器中控制和通信的科学）》一书，标志着控制论的诞生。控制的意思是通过反馈实现有目的的活动。

1948 年，美国数学家香农出版的《通信的数学理论》一书，标志着信息论的诞生。信息是生命系统、自然系统适应外部世界或与外部世界进行交换过程中所特有的物质运动形式。信息论是关于信息的计算、传递、交换、贮存和使用规律的科学。

标志系统论诞生的著作是 1947 年美籍奥地利生物学家贝塔朗菲的《一般系统论》一书。系统论是研究一切系统的模式、原理和规律的科学。处于一定的相互联系中，与环境发生关系的各个部分组成的整体即系统。

如今，人们常将控制论、信息论、系统论作为一个整体，统称为系统科学，并由此提出了系统科学的三大原理，即反馈原理、有序原理和整体原理。这三大原理对语文教学具有十分重要的启示意义。

（一）反馈原理及其启示

任何系统只有通过反馈信息，才能实现控制。比如，在教育过程中，是否能使受教育者充分接受教育者发出的信息，是否能使受教育者将学到的知识转化为智能以及能转化到什么程度，都必须通过信息的反馈，使教育者及时了解教育现状与所要达到的目的之间的关系，从而有效地控制教育过程，顺利地达到教育教学目的。

根据系统科学的原理，学习是一个复杂的过程，包括预习、听课、复习、练习、实习、考察等，这一过程如果不能得到良好的控制，就无法达到教学的预定目的。比如，根据遗忘规律，人们学过的知识在当天如果不及时巩固就会遗忘一半以上，所以如果教师在教学的当天不能有效地组织学生去复习，师生的很大一部分精力就会白费。

根据控制论原理，控制必须通过反馈来实现。语文教学实践证明，教师要想避免教与学脱节的现象，就必须深入了解学生，借助个别交谈、开座谈会、问卷调查、考察提问等方式，做到知己知彼、胸有成竹，这样教学时才能因材施教。在平时教学中，我们经常可以发现有些学生不交作业，他们是不愿写还是实在不会写？某位平时学习成绩不错的学生为什么突然退步明显？为什么这样讲课学生兴致很高而那样讲课学生情绪低落？对于这些现象，只要教师能从控制论和系统科学的反馈原理中得到启示，在教学过程中自觉运用反馈原理，从学生的一颦一笑、一举一动中发现问题并认真加以分析，不断改进教学措施，就一定能使教学过程得到有效控制，从而使教学质量得到显著提高，达到预期的教学目的。

（二）有序原理及其启示

任何系统只有是与外界有信息交换的开放系统才可能有序。与外界没有信息交换的封闭系统是不可能有序的。

系统由较低级的结构转变为较高级的结构，称之为有序。生物进化过程是有序，教育进步过程也是有序。一个系统如果不开放、不交流，就只能走向无序。如果说我们今天在语文教学改革中还没有取得显著进步，或者是原地踏步，或者是不进反退，其中很重要的原因是学校与学校之间不开放、教师与教师之间不开放、学生与学生之间不开放、学生与社会之间不开放——这是导致教育落后的重要原因。如何变“闭门读书”为“开门读书”，变“闭门教学”为“开门教学”，变“关门办学”为“开门办学”，这对于所有教育者来说都是一项紧迫的任务，对于落后地区的教育者来说更是如此。

关于开放、交流、切磋的论述，早在《学记》里就有“相观而善谓之摩”的话。可见这一教学原则在教学中的作用是多么重要。遗憾的是，今天的许多人对这两千年前就受到推崇的真理竟无动于衷。

就语文教学而言，一位优秀的教师必须一方面充分利用外界的信息，及时、准确、全面地了解本学科已有的和不断涌现的教研成果，通过不同方式和途径与同行切磋、交流，以保证思维活跃，促进教学进步；另一方面要建立流畅的信息反馈渠道，及时了解学生对教学活动的意见、建议、评价、态度等，以便随时调整和完善教学。从学生方面说，他们正处于渴求知识、渴望了解世界和自身的阶段，犹如干渴的禾苗渴望雨露一样期盼着从教师那里获得宝贵的信息，如果教师长期不学习，仅仅依靠过去从“一次性教育”中得到的那点陈旧的知识来引导和教育今天紧紧跟随时代大潮的学生，将不可避免地对学生的求知意识、创造意识产生抑制、消磨、扼杀的反作用，这正是教学过程走向无序的突出表现，是孤陋寡闻、坐井观天、闭目塞听的小教育观所造成的恶果，是师生的极大悲哀与不幸！

因此，根据有序原理，联系语文教学的实际，我认为要促进语文教学从无序走向有序，应该立即着手做好以下两方面的工作。

（1）建立语文教学信息库，搜集整理古今中外特别是当代有关语文教学的各种理论、经验和信息，定期举行教研组的信息发布交流会，印发教研信息资料，倡导教学改革与试验，改变教研组“教而不研”的局面。

（2）建立信息反馈小组，及时向教师反馈教学信息，帮助教师全面了解教学情况，确立教学重点，同时建立“语文教师—教研组长—教务主任—业务校长”的信息反馈渠道，以便及时调整和完善教学计划。

（三）整体原理及其启示

处在一定的相互联系中，与环境发生关系的各个部分组成的整体就是系统。组成系统的各单元、各部分即要素；系统内部各个要素的组成形式即结构；系统在一定环境中所发挥的作用即功能。系统的整体功能，不仅是各个部分的功能之和，还包括各个部分相互联系形成新的结构而产生的新功能。

根据这一原理，教育系统既然是一个大系统，就必须关注该系统中各个组成部分之间的相互联系，协调各类教育部门、教育机构的作用，以发挥强大的整体功能。

教育教学中的无数事实证明，一位德、智、体、美、劳全面发展的学生所表现出的整体发展与创造能力远远超过仅在某一方面得到发展的学生。因此，我们不能用片面的、孤立的眼光看待教育教学问题，而应当用整体的、系统的眼光去看待。虽然各学科有所区别，但它们都是整体中不可分割的有机组成部分。因此，语文教学改革与试验必须纳入学校教育教学改革与试验的大系统中才会有充足的活力。任何试图将语文教学从大系统中孤立出来考虑的做法都是错误的。语文教学改革和试验必须以学校整体的改革为背景和依托，必须与德育、体育、美育、劳动教育以及其他学科的教育紧密联系起来，以丰富语文教学的内容和形式。德育课有思想品德、理想信念教育的内容，与语文课有相通之处，二者完全可以相互借鉴，相互促进；美育的目的是培养学生感受美、鉴赏美、表现美和创造美的能力，这对学生真切细致地体会生活、自觉在作文中表达爱憎感情和抒发美的理想，意义重大；学习历史使人明智，学习科学使人博学，体育锻炼使人健美，学习哲学使人深邃，学习逻辑学使人严密……学习其他学科的知识对语文教学大有好处。反过来，语文学好了，对于理解和掌握其他学科的知识同样很有帮助。我曾观察过一些学生，他们的语文成绩本来并不突出，但由于各科发展均衡，只要稍加督促，他们的语文成绩便可获得明显进步，这得力于他们智能的整体功能的发挥。

我们应尽快改变以往那种单纯的语文教学观，将目光放远一些，发挥整体和系统的功能，鼓励、帮助学生全面发展。这一点对整个教学系统适用，对语文教学这个子系统也同样适用。比如，要使师范生将来成为合格的教师，就必须使其具备良好的理解能力、思考能力、语言表达能力、教学组织能力。所以平时对于有些文章写得好却不善言辞的学生，教师应特别注意设法训练其口才。我在教学过程中一直留意一部分高分低能的学生，时常有意提问他们，当他们因担心说不好而用“不会”二字搪塞时，我鼓励他们说出不会的原因。同时，在各种发言、演讲活动中我也总是尽量提供机会让不善言辞的学生得到锻炼。这样坚持了不到两个学期，大部分学生都取得了明显的进步。

整体原理对于教师驾驭教材和指导学生进行系统学习作用很大。根据整体原理，教学时应帮助学生先从整体上把握知识结构，然后学习和分析各个部分，把握各部分之间的联系，再从部分到整体，从而在认识部分的基础上理解整体。如分析一篇小说，应先让学生完整地了解情节，再逐步分析序幕、开端、发展、高潮、结局和尾声，同时注意分析情节发展过程中各环节之间的联系，最后重新从整体上审视、鉴赏作品。分析一篇自传，也应把别传、评传、小传等相关知识告诉学生，使学生对传记这种体裁有一个整体认识，这有助于学生对教学内容的理解和掌握。假如教自传类文章就只给学生介绍自传的知识，那他们学习中遇到评传类文章时就会茫然无知，只有等将来学到才知道，这样他们就不能很好地积累知识、学习经验。因此，教一种文体知识要兼顾与其相关的其他类型的文体知识；教一篇课文应顾及它在一个单元中的地位；教一个单元应从整本教材着眼；教一本教材应联系它在整个教材系统中所处的地位；教写作应从观察、体验、构思、表达、修改的整个过程去考虑。

受到整体原理的启示，我在给七年级学生讲古典文学时，改变了以往开头只讲《诗经》的做法，而是用三节课时间简要而系统地梳理了中国古代文学发展史，使学生对漫长而复杂的文学史有了一个大概的、整体的了解，知道了唐诗、宋词、明清小说等的发展轨迹，知道了为什么宋代人写的诗总体上比不上唐代人所写的诗，为什么明代的人要在小说创作上下功夫而不在词的创作上与宋代的词人一较高低……这样一方面使学生对中国古代文学史有了较为系统的了解，另一方面也为他们提供了一份系统的古典文学作品阅读目录，改变了学生以往杂乱无章的阅读局面。实践证明，按照整体原理进行的这一尝试较以往那种单一的教法有很大的优越性。我还督促、鼓励学生参加系统性的知识竞赛，如中国古代文学史知识竞赛、外国文学史知识竞赛、写作知识竞赛等，我在命题时遵循系统性、整体性原则，以便让学生通过做题增强整体认识，促进知识的系统化。多年的实践表明，在教学中依据整体原理，超前进行系统知识的学习，对学生具有巨大的帮助和引导作用。

整体原理对我们重新认识和妥善处理阅读与写作的关系启示很大。就阅读与写作课而言，它是由阅读和写作两个系统组成的有机整体，是水乳交融、密不可分的。阅读可以为写作打下坚实的基础，提供优秀的范例；写作能力的提高也可以更好地促进阅读，二者是辩证统一的关系。但长期以来，在阅读与写作课的教学中，从教师到学生都不自觉地割裂了二者的联系，把这门课变成单纯的阅读课，忽视了写作教学，或变成单纯的写作课，忽视了阅读教学。这些做法都严重损害了这门课的整体性，因而无法完成阅读与写作课的教学任务，造成学生写起文章来思路混乱、错字连篇。这再一次提醒我们应对这门课的教学进行认真的反思，并自觉在教学过程中贯彻整体性原则。近年来，我们坚持进行单元整体教学，用专题统率课文，用写作引领阅读，使学生在阅读与写作课中得到了全面的发展，很多学生成了能说会写的人才，这与整体原理的启示和指导是密不可分的。

四、教学艺术成就鲜活课堂

语文教学不仅是一门科学，也是一门艺术。在实际教学中，知识丰富而教不好学生的教师数量不少，主要原因就在于这些教师缺乏必要的教学技能与技巧。因此，研究学生的年龄和心理特点，研究语文教学艺术，包括课堂组织艺术、教学语言的运用艺术、课堂提问艺术、教学反馈艺术、板书设计艺术、现代化教学手段的运用艺术，是提高语文教学效果的必然要求。

在语文教学过程中，课堂教学是主要的形式。语文教学能否达到预期的目的，主要取决于课堂教学的效果。如何体现教学的情（情感教育）、理（使学生明白事理）、奇（出其不意）、惑（有教学悬念）等特点，取决于处于教学主导地位的教师所具备的素质。通常而言，一名优秀的教师应具备诗人的气质、演员的素质、哲学家的见识、指挥家的气魄、演说家的口才、魔术师的手法、辩论家的机敏等。上述素质拥有越多，教师的教学技能就越高，教学效果也就会越好。

（一）课堂组织艺术

课堂教学的组织就像戏剧表演一样要有序幕、开端、发展、高潮、结局、尾声，应该是一个精心设计、结构严谨、首尾呼应的有机整体。除与戏剧结构相似的特点以外，课堂教学还具有自身的显著特点：一方面，课堂教学像戏剧表演一样要有准备好的“剧本”——教案，明确课堂教学的基本内容和形式；另一方面，课堂教学又不能完全像戏剧表演那样一切都按预定的台词和动作去表现，因为课堂教学的过程既是确定的，又是不确定的。处于教学过程中的学生是活动着的，他们的有意注意开始发挥作用后，无意注意也仍然起着作用，并带有较强的情绪色彩，因此，学生在课堂上的多种反应都应是教师组织课堂教学时必须考虑的重要因素。教学实践表明，对学生学习时的态度、情绪等能否及时做出正确判断和引导，往往决定着教学的成败。所有的这些都要求教师在组织课堂教学时要考虑应如何开头，以激发学生的兴趣，引起学生的注意；中间部分如何过渡，以保证教学的效果；接着怎样更进一步形成高潮，以最大限度地发挥教学的创造性，取得最佳教学效果；结尾又该如何巧妙完善，使内容和形式表现相得益彰，使结尾成为连接旧知识与新知识的桥梁，起到承前启后的作用。教学上的这种境界不是随便可以达到的，要靠孜孜不倦的实践探求。

1. 教材处理艺术

语文教师处理教材就像导演处理剧本，需要经过反复的、精心的再创造，除了要充分了解学生的特点、熟悉教材外，更重要的是要抓住重点、难点和特点。

（1）抓重点。

教学过程实际上是一个解决矛盾的过程。我们在解决矛盾时不可“眉毛胡子一把抓”，必须集中精力抓住主要矛盾，主要矛盾解决了，次要矛盾也会迎刃而解。不少教师在教学时想面面俱到，以致处理教材时未能突出重点。有些教师在教学过程中四面出击，结果事倍功半，这正是因为不懂得抓住主要矛盾。从学生的接受能力和课堂教学的实际出发，抓重点是教学中重要的原则。比如，《落花生》一课有三个段落，主要内容分别是种花生和收花生、谈花生的好处、父亲的话给“我”的启发，其中重点是谈花生的好处，发言的有父亲、哥哥、姐姐和“我”，在这之中父亲的话是重点。因此，教学时理应把重点放在引导学生研读父亲的话上，读懂了父亲的话，就能理解全文的中心思想。课文的其余部分可让学生略读，教师稍加提示就行了。这样重点突出、主次分明，不仅能省时省力，还能收到事半功倍的效果。

（2）抓难点。

难点的突破是教师处理教材时应着重考虑的问题。一旦清除了这一教学路上的障碍，教学就会取得巨大的成果。突破教学难点要靠教师处理教材的艺术。霍懋征老师教《月光曲》时，预计学生对于盲姑娘仅凭听觉就知道是贝多芬在弹琴这个问题难以理解，就预先想好了解决的办法。上课时学生果然提出了这个问题，霍老师没有简单地去讲道理，而是给学生讲了古代俞伯牙和钟子期的故事，使学生领悟到盲姑娘是贝多芬的知音。霍老师处理教学难点的技巧和做法是值得我们好好学习和借鉴的。

（3）抓特点。

抓特点就是抓住教材在语言、结构、形式和体裁等方面的特色去组织教学。语文教材中的课文文体有别、内容不同、结构各异，处理方式自然也不同。一篇课文中各段写法不同的，可通过比较来区分；各段写法一样的，可精讲一段，其余自学，使学生能举一反三；适于表演的，用表演方式教；适于朗诵的，用朗诵方式学。在教学过程中抓住教材千姿百态的特点，可以增强教学效果。

根据班级特点和教师风格处理教材也是值得重视的。对于朗诵能力强的班级，可借助朗诵的优势去解决问题，同时注意加强其他方面能力的训练；对于课堂气氛活跃的班级，可借助讨论等方式解决问题。有的教师长于逻辑思维，可据此决定教材如何处理；有的教师长于形象思维，可由此使教材增添浓郁诗意。这样可以使教学风格异彩纷呈，教材处理不拘一格，扬长避短，因材施教，从而形成“百花齐放，百家争鸣”的教学景象。

2. 课堂结构艺术

相关研究表明，语文课的结构最好采用疏密结合的波浪式结构。这是由语文本身的特点和学生年龄、心理的特点决定的。从课文本身来说，课文总是按开头、发展、高潮、结局的结构写成的。从教学过程来说，通常要按导入新课、学习课文和结束课文的步骤进行。这两方面都有一个循序渐进的过程，犹如登山时先是拾级而上，然后是向山顶冲击，克服困难登上山顶，此时可以休息一下，回首攀登的道路，眺望远方的美景，获得一种征服后的欣喜。从学生的年龄、心理特点来看，7～10岁的儿童注意力集中的时间是20分钟左右，10～12岁的儿童注意力集中的时间是25分钟左右，12岁以上的儿童注意力集中的时间是30分钟左右。因此，在教学过程中应充分利用学生注意力集中的最佳时间去解决教学重点和难点，并对非最佳时间实行有效调控，使有意注意与无意注意交替进行，把教学过程安排得张弛有度。通常来说，语文课堂可以按照四个阶段来安排教学活动。

（1）第一次集中注意阶段。

在刚上课的5分钟内，学生的情绪尚不稳定，注意力还没有集中到学习内容上，因此要给学生一段调节情绪进入学习状态的时间。教师可以利用一段设计精巧的导语或讲一个与课文有关的小故事等，悄悄地把学生的注意力引到教学活动中去。这一段时间犹如交响乐的序曲，起着抚慰情绪、导入最佳状态的作用。

（2）注意稳定阶段。

上课后的5～12分钟内是学生注意力较为稳定和集中的最佳时间，此时教师要组织学生向重点、难点“大规模进攻”，以完成本节课中最主要的教学任务。如识字教学中最难的字、阅读教学中最难的问题都应在这段时间内加以解决。一旦错过时机，再组织教学往往会收效甚微。

（3）自我调整阶段。

上课25分钟后到下课前不久的一段时间是学生自我调整的阶段。学生在紧张的学习后精神疲劳，心理上有休整一下的要求。在这段时间内，教师既不应让学生仍然绷紧神经打疲劳战，也不应放任不管，任凭其注意力涣散，而应根据学生的年龄特点安排活动内容，或讲一个与课文有关的故事，以便学生丰富知识、开阔视野，或让学生温习一下课文，或做一做课堂作业，使其注意力既得到调整又不致涣散。

（4）第二次集中注意阶段。

快要下课时，教师可以让学生再次集中注意力，然后做简短的回顾和小结，以加深学生的印象，巩固课堂教学成果，并为下次教学做好准备。

总的说来，教学时教师应依据中小学语文教学的特点和中小学生的年龄、心理特点，把课堂结构安排得有起有伏，张弛有度，只有这样，才能收到预期的效果。

3. 新课导入艺术

课堂教学的成败往往与新课的导入是否恰当有很大关系。假如教师绷着脸走进教室，狠狠训斥某个学生；或就最近遇到的事乱发一通牢骚，然后打开课本开始上课，那么这节课的教学效果就不会好。严肃认真的教师决不会如此，而会设计出可以激发学生兴趣的导语，犹如贝多芬为《命运交响曲》精心设计的那扣人心弦的命运的敲门声。“万事开头难”这句话揭示了一个普遍的真理。教学过程中教师在课堂上怎样开口说第一句话，难就难在“良好的开头是成功的一半”——这句话需要关系全局，牵动整体；难就难在它是第一句话，是必须凭创造力想出来的一句话。从某种程度上说，这第一句话集中了一个教师的智慧、才能、见识、匠心等。因此，有经验的教师对于新课的导入都极为重视。导入新课的方法很多，试举几例加以说明。

（1）开门见山，直入主题。

这种方法简洁明快、直截了当，能使学生一下子把注意力集中到课文学习上。例如，霍懋征老师在执教《草船借箭》一课时，以“今天我们一起来学习《草船借箭》这一课”导入，然后解释题意，引入课文。

（2）联系经验，激发兴趣。

这种导入方法是把学生的经验引入课文学习，使他们的注意力迅速而自然地转入课文内容。如有教师执教《海上日出》一课时先问学生：

“谁看过日出？是在什么地方看的？”学生纷纷回答在山顶、在阳台、在楼顶。教师又问：“在这些地方看日出，你们有什么不满意的地方吗？”学生回答有树挡住、有房子挡住，不能看清太阳刚从地平线跃起时那一瞬间的情景。教师叹了一口气说：“多遗憾！有个地方看日出可以一览无余，那就是大海上。巴金爷爷看过海上日出，你想知道那是怎样的奇景吗？”学生顿时兴趣盎然，都想马上阅读课文。

（3）联系旧课，提示新课。

这种导入方法是从回顾旧课开始，将旧课中的某些知识与新课中涉及的知识联系起来，有时可起到相互对照的作用，有时可起到相互呼应的作用。如有的教师这样设计导入语：“上节课我们学习了描绘雄伟壮丽的北国风光的课文——《长城》，这节课让我们一起去看看秀丽奇异的南疆景色——桂林山水。”这样的导入使长城特色与桂林山水相互映衬。

（4）审清题意，揭示脉络。

霍懋征老师执教《别了，我爱的中国》一课时，就是从审题开始的。霍老师先板书课题，然后提问：“它是什么样的文章？”学生回答是抒情散文。霍老师在课题的“爱”字下板书“抒情”二字，接着问学生：“文章抒发了什么感情？”学生说抒发了作者告别祖国时对祖国无比热爱的感情。霍老师又问学生是从什么地方看出来的。学生说根据“别了”二字和“爱”字。霍老师又问文中的“我”指谁。学生说指作者郑振铎。之后，霍老师介绍课文的写作背景，从而帮助学生审清了题意，揭示了文章的脉络。

导入新课的方法还有设置悬念、实物演示、讲故事、背诗词等。教学时使用何种方法要视教学实际情况而定，但是都要简洁，不可啰嗦。

4. 形成教学高潮艺术

教学过程中想要突破难点，必须形成教学高潮，使教学气氛达到最热烈的程度，使学生的认识水平达到最高境界。如果教学中没有高潮，学生的思维就难以达到最佳状态，就无法透彻而深入地理解问题和解决问题。为了达到这样的教学效果，教师应根据教学实际，启发学生发散思维，出奇制胜。

（1）发散思维。

教师应根据教学实际采用不同的教学方法，引导学生发散思维。在实际教学中，集中思维阶段可着重让学生领悟规律；发散思维阶段可以让学生利用规律，多角度、多层次地展开思维，这样常常可以形成教学高潮。比如，在教学《漂亮的小手绢》一课时，教师可以先让学生集中观察黑板上的小手绢，依次说清其质地、形状、色彩、图案、作用，等到学生都会说了，再要求学生各自拿出自己的小手绢，说说上面的图案，学生定会争着发言，气氛热烈，形成教学高潮，教学效果也会很好。

（2）出奇制胜。

战争中出奇兵可以制胜，教学中也是如此。出乎学生意料的教学设计常常有助于形成教学高潮。有位教师执教一篇记叙文，课堂即将结束时一位学生上黑板写生字碰翻了讲台上的一叠本子。这位学生赶紧弯腰捡本子，前排座位上的学生也帮着去捡。本子放好后，碰掉本子的学生抱歉地对教师说："对不起。"教师微笑着说："没关系。"对于这一出乎意料的事件，教师没有就此轻易放过，而是凭着丰富的教学经验和教学机智，要求学生按刚学过的课文里的记叙顺序口述一下刚才的事件。学生争着要求口述，课堂气氛热烈，教学在高潮中完满结束。

另外，语文教学中还可以运用层层推进形成高潮、情感共鸣形成高潮等方法。

5. 巧妙结尾艺术

教学过程既然是一个完整的过程，那就应该有始有终、善始善终。与开头相同，结尾也要精心设计。

（1）点睛式结尾。

霍懋征老师在《草船借箭》一课教学结束时用幻灯片出示了后人描写诸葛亮草船借箭故事的一首诗："一夜浓雾满长江，远近难分水渺茫。

骤雨飞蝗来战舰，孔明今日伏周郎。”霍老师要求学生把这首诗读一遍并抄写下来。霍老师的这种结尾方式非常巧妙，用诗歌结尾既能起到画龙点睛的作用，又能丰富学生的知识，真是一举两得。

（2）延伸式结尾。

有位教师执教《动物的远游》一课，在概述了鸟类远游的种种奇怪现象后说："对于这些奇怪的现象，生物学家还在研究。"教师的话戛然而止，以激励学生怀着强烈的好奇心去探究，未来的生物学家很可能就从这里产生。

（3）悬念式结尾。

《凡卡》一文的结尾没有告诉读者主人公今后的命运会怎样，只有一排省略号。有教师在结束本课教学时提出三个问题让学生思考：爷爷能收到凡卡的信吗？假如爷爷能收到凡卡的信会接他回乡下吗？凡卡的痛苦生活会得到改变吗？从而使学生为凡卡的命运久久思虑或担心。

另外，结尾方式还有总结式结尾、应用式结尾、畅想式结尾等。巧妙的结尾可以起到加深印象、开阔视野、引起联想和引发思考的作用，因而是所有语文教师都应该竭力追求的。

（二）教学语言的运用艺术

语言是一种符号体系，是人类最重要的交际工具、思维工具和信息工具。课堂教学语言艺术是指教师在课堂教学中为提高教学质量所运用的语言技能和技巧。

1. 教学语言艺术的性质

（1）思想性。

作为教师，必须忠于人民的教育事业，努力培养品德高尚、全面发展的创造性人才。这一基本性质决定教师的教学语言必须具有高度的思想性和教育性。

（2）工具性。

这一性质决定着教师在运用教学语言艺术的过程中不能脱离教学大纲的要求，不能忽视学科内容的特点，不能脱离学生的具体实际，否则，教学语言将难以发挥应有的作用。

（3）综合性。

教学语言艺术和戏剧表演艺术一样，是一门综合性艺术。一个语言艺术水平较高的教师，除了要具备高度的思想觉悟、道德修养、思维能力、文化素养、知识水平、经验积累等，还需要手势、板书、表情、眼神、示范动作等辅助性语言艺术的积极配合，这样才能收到最佳的教学效果。

2. 教学语言艺术的作用

语言艺术在教学实践中有着重要的作用，它对于教学效率的提高和学生能力的培养都有很大的帮助。

（1）提高教育教学质量。

教师对学生进行思想教育和知识传授，主要是通过语言来完成的。教师对语言艺术的运用能力直接关系到教育教学的效果，运用高超的语言艺术可以极大地提高教育教学的质量，相反，口才不好的教师即使知识丰富，也难以取得良好的教学效果。

（2）提高教师的思维能力。

教师的思维能力指的是对教材、学生思想和各种事物进行分析与判断的能力。思维能力是言语表达的坚实基础，言语表达对思维能力的形成也具有很强的反作用。

（3）提高学生的能力。

教师运用语言艺术分析事物，得出正确结论的过程，不但能把思想、知识传授给学生，也能把运用语言的技能、技巧和分析事物的方法教给学生。从实际意义上看，提高语言运用艺术，有助于教师完善教育教学的科学方法，提高教师认识问题、分析问题和解决问题的能力，其基本目的是要在教学过程中把教师的这种能力转化给学生，使之成为学生自己的能力。

3. 运用教学语言艺术的基本要求

苏霍姆林斯基指出，教师的语言修养在很大程度上决定着学生在课堂上脑力活动的效率。因此，教师在教学时应注重语言艺术的运用，以提高教学效果。教学语言艺术运用的基本要求包括以下几点。

（1）准确简练。

这是由语文教学的科学性质所决定的。要正确地向学生传授语文知识，就必须使语言准确、科学、合乎逻辑。在阐述科学道理的时候，用“似乎”“好像”“也许”这样似是而非的语言是不行的，课堂教学的语言必须追求字字千金、掷地有声，那种重复啰嗦的语言只能令人厌倦，产生分散注意、驱赶兴趣的反作用。从这一点上说，准确和简练是语文课堂教学中运用语言艺术时应遵循的最基本的要求。

（2）通俗易懂。

这是由学生的年龄特点决定的。学生掌握的词汇是有限的，思维能力也尚未健全，因此，教师不能像对成人讲话那样给他们讲课，而应特别注意使用通俗易懂的语言。教师应多使用学生熟悉的词汇和句式，少用学生觉得生疏的名词术语，在这个基础上，用词日渐丰富，语句日趋多样，使语言富有文学色彩，使学生在耳濡目染中学到规范的文学语言，提高语言表达能力。

（3）生动形象。

这是由语文教学的实际决定的。一方面，语文的内容是生动形象的，教师只有用生动形象的语言才能较好地传达课文所蕴含的思想感情。另一方面，学生的认识特点和思维特点都带有强烈的感性色彩，生动形象的语言能使他们感到亲切自然，从而有助于提高教学效率。

（4）倾注感情。

完美的语文教学不仅仅是知识的传授、能力的培养，更包括情感的教育、美感的陶冶和思想的启迪。教师若不能用诗情画意来拨动学生的心弦，用惊警之语引起学生心灵的震颤，用慷慨激昂的语言使学生情绪振奋，用哀伤忧戚的语言催人泪下……从而引起学生强烈的情感共鸣，就会使课文中最宝贵的精神财富黯然失色。因此，倾注感情是语文课堂教学语言艺术运用的重要特征之一。

（5）用好体态语言。

教师在教学时除了要注意上述要求外，对肢体语言也应给予足够的重视。因为教师在课堂上的一举一动、一颦一笑都在向学生传递信息，充满信任和期待的目光、严肃而慈祥的表情、自然得体的手势等在教学中所起的作用是不可低估的。

（三）课堂提问艺术

课堂提问是教师促进学生思维、评价教学效果、推动学生实现预期目标的基本手段，也是语文教学中最主要、最直接的方法。语文教学实践的大量事实表明，教学过程绝不只是教师讲和学生听的单向过程，而是以学生为主体，以教师为主导，以传授知识、培养能力、提高思想水平为目的的双向交流的过程。

系统科学指出，教育的原理是适应与转化。教育教学要达到预期的目的，必须首先解决适应问题，即解决学生适应教材、适应教师，教师适应教材、适应学生，教学双方彼此适应的问题。在这个前提下，教师才能将自己的知识、能力、思想以及教材内容转化给学生，变成学生的知识、能力和思想等。而要达到此目的，必须借助信息反馈这一渠道来沟通教学双方，提问则是很好的方法。

1. 课堂提问的意义和作用

（1）加强思想交流，做到知己知彼。

课堂教学是由教师、学生、教材、教学手段等要素构成的系统，各要素之间是密切联系、不可分割的。根据系统科学的整体原理，系统的整体功能并不等于各孤立部分的功能之和，系统整体不仅有各部分的功能，而且有各个部分相互联系形成新的结构而产生的新的功能。依据这个原理，课堂教学既然是一个系统整体，就应该充分注意系统中各组成部分之间的相互关系，将各方面的因素协调起来、凝聚起来、调动起来，从而发挥强大的整体功能。在语文课堂教学过程中，教师犹如乐队的指挥者，如何协调庞大的乐队，使之奏出和谐优美的旋律，而不是各行其是、失去控制、制造噪音，这就需要指挥者具有敏锐的观察力和音乐感受力，可以迅速发觉哪怕最细微的不和谐音，并及时去协调矫正。从这个意义上说，提问就是教师的指挥棒，通过提问教师可以了解学生对教师和教材的适应情况，从而及时调整教学进度、教学深度、教学方法，做到有的放矢、因材施教，克服盲目性，加强计划性，发挥教学双方的积极性。从学生方面说，教师的提问不仅是检验学生学习效果的标尺，也给学生打开另一扇知识大门提供了一把钥匙。

（2）激发思考，促进思维发展。

从心理学的角度说，在学习过程中，当学生原有的知识经验与新接受的信息不相适应时，心理上就会产生尽力去解决矛盾、使心理趋于平衡的迫切要求。在这种情况下，教师有目的地为学生设置问题情境，能引起学生的认知冲突，激起学生探究的强烈愿望，引发学生思考，使学生通过思考解决问题，从冲突到平衡，从困惑到明朗，学生完成了解决认知冲突的学习任务，教师达到了突破重点和难点的教学目的。在这个过程中，学生的思维能力也得到了锻炼和发展。

（3）选择捷径，直达知识宝库。

对学生来说，再简单的课文中也会有一些难以解决的问题，而课堂教学的时间是十分有限的。如何使学生在学习的道路上不走冤枉路，能直达知识的宝库，是教师在教学过程中应优先考虑和高度重视的问题。针对课文的中心内容、重点和难点精心设计提问，进而解决主要问题，就可以使学生茅塞顿开。主要矛盾解决了，次要矛盾便会迎刃而解。这里的关键是教师设计问题时应引导学生沿着符合认识规律的正确思路前进，从而避免学生漫无目的地瞎摸乱闯。

2. 课堂提问不当的几种情况

提问作为语文课堂教学中最常用的方法，用得好可以起到调动学生思维积极性和有效提高教学质量的作用；用得不当就会产生阻碍学生思维发展和妨碍教学进步的反作用。因而，每个教师在提问时都应慎重，问题精心设计、反复推敲，不可随心所欲、任意滥问。在语文教学实际中，提问不当的情况相当普遍，主要表现为以下几种。

(1) 问题太简单或太琐碎，缺乏必要性和系统性。

课堂教学过程中要不要提问、什么时候提问、如何提问，要根据教学目的和教学需要去决定和设计，决不能盲目地提问。有些教师认为提问就是启发式教学，于是便一个问题接着一个问题地问，整节课从头问到尾，结果什么都问到了，却什么有价值的东西都没问出来；该问的没有问，不该问的都问了。如果答案都在书上明白地写着，学生根本用不着动脑筋思考就可以随口说出来，这样的问题就不需要再问。例如，有教师执教《月光曲》一课时这样提问："贝多芬是什么家啊?"学生不用想就回答出来了。又如，有教师在教学时提问"邱少云烈士勇敢不勇敢啊?""坏蛋坏不坏啊?""你们说好人好不好啊?""你们说是不是啊?""你们说对不对啊?"如此等等，这样的提问实在没有必要。这是太简单、太浅显，不值得提问的情况。另外，有教师执教《狐狸和乌鸦》一课时这样提问："乌鸦住在哪儿?狐狸住在哪儿?乌鸦干什么去了?乌鸦回来时嘴里叼着什么?狐狸看到乌鸦后又怎么样?"等等，啰嗦至极，这根本不是提问，简直就是胡闹。因为提问的目的是要引导学生发现隐藏于书本中和书本外的问题，是要靠积极的思维活动才能解决的。而上述问题对教学进步毫无帮助，相反，一长串毫无必要的提问浪费了大量宝贵的课堂时间，琐碎、啰嗦、单调、乏味的提问更使学生产生了厌倦情绪。久而久之，就会导致学生认识事物浮于表面，不愿也不能深入本质地去看待问题。有些教师还认为，多提问显得热闹，不会冷场。为达到此目的，便编造出数不清的问题，把教室里弄得一片混乱。这正是执教者思想浅薄、认识错误、手法匮乏、教学无能的突出表现。

(2) 问题太深奥或太空泛，既不明确也不实在。

与上述情况相反，有的教师提问时忽视学生的年龄和心理特点，提出的问题超出了学生的认识水平和理解能力。如有教师执教《月光曲》一课时问学生："为什么课文中用'清幽'而不用'幽静'?"对于这种有难度的问题，学生是无法回答的。又如，有教师执教《鲁班学艺》一课时问学生："鲁班是怎样克服各种困难并刻苦学艺的?"这问题涉及全篇，不是几句话就可以说清楚的，学生也不能很好地把握和回答。像这类问题因缺乏明确性、具体性而无法起到启发思维、推进教学的作用，反而会妨碍教学，实属设计不当。

(3) 提问太突兀，学生难以适应和回答。

提问不当的另一种情况是教师所提的问题不是学生能够快速回答出来的，而教师却按照电视中抢答竞赛那样的速度要求学生。有的教师在刚刚上课，学生还没完全进入学习状态时，就突然提出一个很有难度的问题，并马上指定学生回答。此时学生头脑里还是一片空白，学生就会感到无所适从，不知从何答起。像这样既不创设提问情境又不给予思考时间，犹如趁人不注意从黑巷里冲出来给人当头一棒的提问，恐怕连极少数学优生也难以回答。有经验的教师在提问有深度的问题时总是循序渐进、慢慢启发、逐步过渡，允许学生多思考一会儿。

3. 正确提问的原则

正确提问能有效激发学生的学习兴趣，提高课堂教学效率。在实际教学中，为了使课堂提问更高效，教师应遵循一些原则。

(1) 目的性原则——围绕中心，有的放矢。

提问无疑是为了解决教学中存在的问题，是有其既定目的的。因此，正确的提问应紧紧围绕中心目的，有的放矢，不可旁敲侧击，分散注意。

要做到这一点，关键是教师在提问时要思路清晰、切中要害、表述明确。如有位教师执教《将相和》一课时先带领学生审清题意，然后提问："廉颇和蔺相如原来为什么不和？后来为什么又和了？"问题简洁利落、直入中心，激起了学生思考的兴趣。

（2）有序性原则——循序渐进，由浅入深。

辩证唯物主义揭示出人们认识的规律是由浅入深、由感性到理性、由归纳到概括。教师提问时若能遵循这一规律，就可以取得预期的效果。如霍懋征老师在执教《再见了，亲人》一文时，学生对"中朝人民用鲜血凝成的友谊"这一点不清楚，霍老师就通过朗读、复述，使学生了解朝鲜人民在抗美援朝战争中为抢救志愿军战士而流血牺牲的故事，并在这个基础上提问："志愿军战士又是怎样对待朝鲜人民的呢?"学生展开联想，想到了罗盛教、邱少云、黄继光、王成等英雄形象，争着回答问题，接着霍老师又深入一步提问："大家想一想，中朝人民的友谊是一种什么样的友谊?"从而促使学生归纳出中朝人民的友谊是用鲜血凝成的。

（3）启发性原则——注重联想，促进思维。

启发式提问的目的在于启发学生抓住主要问题动脑筋，按照正确的思维方向思考问题、解决问题。如霍老师执教《我的伯父鲁迅先生》一文时抓住"为什么鲁迅受到那么多人的尊重和爱戴"这一关键性问题，启发学生思考，引导学生探究原因。霍老师在讲解课文中"哈哈，还是我的记性好"这一重点句时，提问学生："是鲁迅在作者面前夸耀自己读书认真吗?"学生说："不是。是鲁迅风趣地批评作者读书不认真。"霍老师又问："仅仅是风趣地批评吗？批评的目的是什么?"从而使学生恍然大悟，认识到这是鲁迅关心、爱护作者的表现。霍老师并没有到此为止，而是又引导学生联系课文中提到的鲁迅为广大青少年翻译的两本书，进一步提问："鲁迅是不是只关心作者一个人呢?"学生很快认识到鲁迅关心的是广大的青少年。这时霍老师又引导学生把这一段内容与第一段的内容联系起来，使学生对为什么鲁迅会受到那么多人的尊重和爱戴有了深刻而全面的理解。

(4) 整体性原则——面向全班，胸怀全局。

面向全班和胸怀全局这一整体性原则是教师在提问时应该特别重视的。有的教师上课时总是提问某一个或某几个学习成绩好的学生，以致个别学生一堂课站起来很多次，其余大部分学生只能像局外人一样冷眼旁观，这样既不利于课堂教学的有效控制，也不利于全体学生的共同进步。霍懋征老师并不会这样。“难的问题我一般会让学习好的学生回答，容易的问题则让学习困难的学生回答……如果有的问题估计一般学生能回答出一部分，老师还可以借助某位学生的回答，进一步启发大家讨论和深入思考，然后再让学习较好、肯思考的学生归纳补充，老师要帮助概括。有时也可以在一些较难、较重要的问题上，先让学习好的学生示范，再让学习差的学生回答。这样容易发挥学生的积极性，使课堂教学生动活泼。尤其要注意学习差的学生，要设法为他们创造条件，启发他们思考，鼓励他们不断进步。切忌赶进度、走过场，因为这样就说不上有什么课堂教学效果了。”霍老师的经验之谈对我们进行课堂提问启示很大。

总的来说，提问是一门艺术，其作用之大，意义之深远，非三言两语可以说明白。想要较好地掌握提问的艺术，必须深入钻研教材，研究学生的年龄、心理特点，遵循教育教学规律和提问的原则，进而设计出独具匠心的问题，以开拓学生的思路，启发学生联想，促进教学进步，提高教学效率。

(四) 教学反馈艺术

教学反馈在一切教学形式中均占有举足轻重的地位，在中小学语文课堂教学中尤其不可忽视。犹如在战争中只有先做到知己知彼然后才能百战不殆一样，在教学过程中处于主导地位的教师若不了解学情，就必定会犯“无的放矢”的错误，最终虽费尽心力和口舌，却不能突破教学重点和难点。在语文教学中，这种现象相当普遍，它严重阻碍了学生思维能力的发展，更无法保证课堂教学的质量。因而，研究教学反馈艺术，对中小学语文教学的发展具有重大现实意义。

1. 教学反馈及其意义

“反馈”，本指在电子管或晶体管电路中把输出端信号能量的一部分输送给同一电路输入端的过程。教学反馈是指在教学过程中教与学双方为取得预期的教学效果而进行信息交流以协调和控制教学的过程。例如，教师可以从学生的表情、回答、作业、试卷等方面获得大量信息，从而对教学效果了然于胸，并进一步完善教学；学生通过向教师发问并得到指导与评价，可以及时解决困惑，取得进步。

根据系统科学的反馈原理可知，任何系统只有通过反馈信息才能实现控制——即通过反馈实现有目的的活动。就教育来说，是否能使受教育者充分接受教育者发出的信息，是否能将学到的知识转化为智能以及转化到什么程度，教育者必须通过信息反馈来及时了解教育现状与所要达到的目的之间的差距，从而有效地调控教育过程，顺利地达到教育目的。

2. 如何发挥教学反馈的作用

在中小学语文课堂教学中，教师应灵活运用一些适当的方法，发挥教学反馈的作用。

(1) 观察提问。

中小学生不善于掩饰自己的心思和想法，他们对教学内容是否感兴趣，是否听得进去，学得是否专心，教师只要稍加观察就可以发现。对个别东张西望、做小动作的学生，教师可以明确提醒其注意，也可以轻轻走过去示意制止或让其站起来回答问题。当多数学生都这样时，就不能简单提醒一下或训斥几句了事，而应该多从自身教的方面找原因，及时采取措施，引起学生注意，激发学生的学习兴趣，将全班学生的注意力吸引到教学活动中来。许多有经验的教师都谈到在出现上述情况时教师可以停一会儿，此时无声胜有声，这样能引起学生的注意，这种方法是非常有效的。另外，教师联系教学实际讲一个生动有趣的小故事，也可以使学生的注意力再次集中起来。对于课文中的重点、难点和教学效果进行检查和评估是教学过程中的一项重要内容。在适当时机面向全班学生提问，可以比较准确地了解学生学习的情况，从而对教学进度的快慢、教学内容的难易、教学方法的好坏有一个明确的判断，以随时调整教学结构。实践证明，不善提问的教师很难把握教学活动的主动权，也很难高质量、高效率地完成教学任务。

（2）考查评价。

教学过程中，教师可以采用提问、默写、背诵、复述等方式了解教学效果，推动教学进程，这对于教学成败关系很大。那种不管学生理解与否，只顾自己埋头讲课的做法是不可取的。

在课堂教学过程中，教师提问考查学生之后应适时给予恰当的评价，让学生知道自己的回答是否正确。学生知道自己对了，可强化正确的答案；如果错了可以重新检查学习过程，以便及时纠正和弥补。如果教师对学生输出的信息不置可否、一概肯定或随意否定，就会妨碍学生思维的发展。正确的做法包括以下几点。第一，对正确的回答要热情赞扬、给予鼓励。第二，对错误的回答要给予纠正并引导学生得出正确的结论，如有教师讲到“祖国”这个词时有学生回答“祖国就是南京”。教师说：“南京是我国的一个城市，像北京、上海……一样。”学生又说：“祖国就是一个国家。”教师说：“美国是一个国家，日本是一个国家，我们能说美国、日本是我们的祖国吗？”这时学生找到了正确的答案：“祖国就是我们自己的国家。”第三，对不全面的回答要引导补充。有时学生只能答出一部分答案，教师应该首先肯定这正确的一部分，再引导学生进行补充，进而找到全面的、正确的答案。第四，在学生回答正确的基础上还应该做到求异求佳。

课堂教学中的考查评价方法可以多样化，不一定只是学生答、教师评，也可以让全体学生进行评价。回答问题正确与否，还有什么遗漏的？一篇作文好在哪里，还有什么要改进的？一段复述是否完整流畅？所有这些均可让学生参与评价，在评价的过程中锻炼学生的思维能力。从培养学生的分析能力和思考能力的角度看，这种评价方法具有很大的优越性。

（3）随机应变。

随机应变是一种教学机智，运用这种教学机智需要教师有丰富的教学经验、深厚的教学理论功底、创造性的教学才能等。既不熟悉教育教学规律，也不熟悉学生的年龄和心理特点，在教学中处于被动地位的教师不可能获得这种教学机智。从某种意义上说，这种教学机智是教师在驾驭教学活动时处于得心应手、应付自如境界的突出表现，也是保证语文课堂教学成功所必须具备的宝贵才能。

课堂上教师所面对的是一群活泼爱动、思维活跃的学生，即使教师课前的筹划准备再周到也不可能面面俱到，还是会遇到一些出乎意料的偶发事件。在这种情况下，教师就应该运用教学机智，随机应变，因势利导，将教学引向既定目标。如有位教师在执教《桂林山水》一课时提问："漓江的水绿得像什么？"教师备课时设想学生会回答"像无瑕的翡翠"。但出乎意料的是，有位学生回答说"像青梅酒"。教师因势利导，问学生："青梅酒真是绿色的吗？"学生说："爸爸喝的青梅酒是碧绿碧绿的。"教师说："大家都知道，酒喝多了人会醉，那么望着这青梅酒一样的漓江水，人会怎样？"学生说："望着漓江的绿水，就像喝着青梅酒，让人醉而忘返。"教师这种随机应变、因势利导的教学机智保护了学生的想象力，加深了学生对课文内容的理解，取得了超出预期的教学效果。

（4）适时反馈。

反馈有即时反馈与延时反馈两种情况。信息传递需要一定的时间，这就要求反馈信息时应给予学生适当的时间，但过了时间而没有反馈，就会失去反馈的意义。一般情况下，反馈应迅速、快捷，在第一时间完成，做到即时反馈。如教学中教师向学生提出一个亟须解决的问题，学生思考后马上回答，就是即时反馈。在某些情况下，又必须有意拉长反馈时间，这叫作延时反馈。如教师提出一个比较复杂的问题，学生争论不休，这时就不宜进行即时反馈，而应将反馈时间适当拉长，待学生更深入地理解课文且认识比较明确后再来分析总结。强迫学生回答，肯定是难以取得好效果的。如有位教师执教《别了，我爱的中国》一课时，开始时有学生认为“我”这样不负责地离开中国，真是一个罪人。教师并不急于去纠正他们的说法，而是说“他是不是罪人，我们学完课文再来讨论”。学完课文后，学生自然明白了自己的看法是错误的。教师的这种延时反馈艺术为学生提供了思考的机会，节省了教学时间，起到了即时反馈所没有的作用。

总之，教学中是采用即时反馈还是采用延时反馈要视教学情形而定，无论采用哪种反馈形式都应该注意反馈的时间要适宜，否则将失去反馈的意义。

（五）板书设计艺术

板书就是教师上课时在黑板上写的文字。板书是一种重要的教学辅助手段，是课堂教学的有机组成部分。好的板书可与讲解相辅相成、相得益彰。板书可提纲挈领，清楚地显示文章脉络，有效地帮助学生理解课文。板书较为直观，可提高学生的记忆效果。对于教师来说，板书是一份“微型教案”，可以使教师对教学要点了然于胸。另外，整洁、美观、条理清楚的板书可对学生的书写起到良好的示范作用。因此，有经验的教师都非常重视板书的设计和运用。

1. 板书设计的原则

板书设计尽管形式多样，变化万千，但好的板书设计有其共同的特点和原则。

（1）精选内容，突出重点。

板书的目的是为了加深学生的印象，帮助学生理解课文，所以板书的内容不可太多。有的教师喜欢满黑板地板书，板书内容太多了，也就无法突出重点了，这与不板书没有什么区别。因此，教师应该精选最重要的、学生最应理解和记忆的内容进行板书。比如，某教师执教《将相和》一课时，板书设计如下：

完璧归赵　智

渑池之会　勇

负荆请罪　让

（2）提纲挈领，简明扼要。

板书贵在精要，精要才能醒目、易记。比如，某教师执教《渔夫和金鱼的故事》一课时，板书设计如下：

贪→贪→贪→贪→贪→贪

（3）系统完整，条理清楚。

好的板书设计应是系统完整的，让学生可以借以了解课文的整体结构。霍懋征老师执教《邱少云》一课时，板书设计如下：

夺取高地　伪装潜伏　烈火烧身　胜利结束

起因→发展→高潮→结束

2. 板书设计的形式

板书设计的形式很多，常见的有以下几种。

（1）词语式。

这种板书形式主要通过抓住课文中的重要词语来显示课文的结构层次。比如，一位教师执教《温暖》一课时，板书设计如下：

整整一夜

紧紧握住　亲切　感谢

敬爱　　　　　激动

深秋——寒冷　春天——温暖

（2）对比式。

这种板书形式的特点是针对课文中的矛盾双方进行设计，以使矛盾双方的特点更加突出。比如，一位教师执教《会摇尾巴的狼》一课时，板书设计如下：

狼		老山羊
连忙呼救	问	可怜
伪装老实	看	怀疑
半闭着眼	盯	轻蔑
不耐烦	指	认清

（3）线索式。

这种板书形式意在显示课文脉络和作者思路。比如，一位教师执教《月光曲》一课时，板书设计如下：

月光曲

听到　听到　听到

走近→走近→再弹→飞奔

（4）提纲式。

这种板书形式适用于结构较完整的课文，其特点是抓住重点词句，显示全文的结构层次。比如，一位教师执教《桂林山水》一课时，板书设计如下：

总起——“桂林山水甲天下”

分述

水：静、清、绿

山：奇、秀、险

综合——“舟行碧波上，人在画中游”

（5）全景式。

这种板书形式可以展现全文面貌和结构。如霍懋征老师执教《别了，我爱的中国》一课时，板书设计如下：

别了，我爱的中国

————抒情————

↑　　↑　　↑

事　　景　　想

船离岸→向前驶→入大海

↓　　↓　　↓

惜别　留恋　决心

别了！我爱的中国，我全心爱着的中国

除了这些之外，语文教学中常用的板书形式还有表格式、图解式等。

3. 板书设计的应用

语文教学中，教师在设计和应用板书时不仅要遵循艺术性原则，注重美观实用，还应注意配合课文，发挥其应有的引导示范作用。

(1) 配合课文，逐步出现。

板书不可事先写好等上课时再拿出来给大家看，而应随课文分析的进程作为辅助手段逐步展现。如有的教师执教“董存瑞舍身炸暗堡”这一内容时，先板书“董存瑞”，讲到敌人构筑暗堡时板书“暗堡”，讲到董存瑞去炸暗堡时板书“炸”，讲到董存瑞高喊“为了新中国，冲啊!”时板书“舍身”，逐步增加信息，最终形成整体。

(2) 整洁美观，引导示范。

教师板书时应书写工整、笔顺正确、布局合理、整体效果整洁美观。一些教师板书随意、字迹潦草，且不时擦了写，写了又擦，这样不只擦掉了字，也抹去了学生的记忆，影响了学生的学习情绪，耽误了教学时间。

总之，板书是课堂教学的重要手段，利用恰当可以大大提高课堂教学的效果。板书时要注意的问题很多，但最重要的是应精要，最忌随意乱写。教师要从教材实际、学生实际出发，精心设计出科学、美观的板书，以促进教学进步。

（六）现代化教学手段运用艺术

现代化教学手段的运用是现代社会因人口增长、教育普及、信息猛增、经济发展等对现代人提出的迫切要求。由于知识本身的急剧增长，现代教育教学中若不能采用现代化教学手段，就不能达到缩短学时、提高效率和最大限度地普及教育、提高教育教学质量的目的。

1. 现代化教学手段的作用

由于现代化教学手段本身具有设备机械化和电器化、教材形象化、适应性强等特征，它在教学过程中所发挥的作用是十分巨大和显著的。

（1）激发学生的学习兴趣。

无数事实表明，兴趣是促进学生学习的巨大动力，是教学成功的重要前提。有经验的教师总是在教学中精心设计导语以引起学生对教学内容的浓厚兴趣；在教学过程中不断增强学生的学习兴趣，引导教学向深层推进；在结束教学时引起学生新的兴趣，使其感到意犹未尽，促使其自觉回顾旧课、增强记忆、向更深更广的领域发展。利用现代化教学手段可迅速有效地达到上述目的。从审美心理学的角度来说，人们总是对被艺术化的事物表现出极大的好奇。例如，大多数人对真实存在着的自身往往并不关心，却对自己映在镜子里的面孔和身体很感兴趣，看到自己在照片中和屏幕上的形象就会感到激动和兴奋。现代化的教学手段正是适应了人们这种普遍的审美心理，少年儿童可能对生活中的花草树木无动于衷，可是这些事物一旦通过录像机、幻灯机再现在屏幕上，就会让他们感受到无限魅力，产生欣赏它、了解它的强烈愿望。由于少年儿童的这种好奇心较之成年人更加强烈，所以在中小学语文课堂教学中根据教学内容的需要精心设计和制作幻灯片或采用录像、录音等手段，对学生来说可以起到调动学习积极性、培养学习兴趣、训练思维能力、加深理解记忆的作用。

(2) 达到事半功倍的效果。

在教学过程中，学生主要是靠听觉和视觉接收信息的。在传统教学中，视觉接收的信息主要是教师的面部表情、板书。假如教师上课时既无丰富的面部表情，又无精要美观的板书设计，也无生动形象的体态语言，学生基本上就只能依靠听觉接受信息了。科学研究表明，人耳可以接收的声波频带宽为 20～20000 赫兹；人眼可观察到的光波频带宽为 3.9×1014～7.5×1014 赫兹。仅从频带宽来看，在相同时间内和同等条件下，光波比声波能向人体传递更多的信息。“百闻不如一见”的说法从某种意义上说明了这一规律。在我国传统教学中，信息是转换成语言文字来传输的。专家们研究的结果显示，汉语的发音速度约为每秒 3 个字，而相同时间内传递的图像信号所包含的信息量却要多得多。研究表明，人对音响语言信息的接受能力约为每秒 4.4 比特，而对画面构图中信息的接受能力约为每秒 46 比特，由此可见，在相同时间和同等条件下，人通过视觉接受信息的能力是通过听觉接受信息的能力的 10 倍以上。鉴于图像信号在传送信息方面的巨大优势，在中小学语文教学中充分发挥图像信号的作用，是提高教学效率的一条捷径。从儿童心理学的角度来看，中小学生对感性的、直观的事物比较容易接受，他们头脑里最初形成的新知识是感性的，这种感性的认识是在直观的基础上形成的。由于中小学生的抽象思维能力尚不发达，所以需要借助具体事物或其表象进行思维。现代化教学手段正是适应了中小学生认识事物的这一特点，为其思维能力的发展提供形象化的图画等直观感性材料，把抽象事物具体化、形象化，从而使中小学生比较容易感知。这样原来需要花费很多时间才能勉强使学生理解的道理，现在用很少的时间就可以使学生比原来接受得更快、理解得更深、记忆得更牢、体验得更真，真正达到事半功倍的教学效果。

(3) 有助于培养学生的多种能力。

现代化教学手段还有助于培养学生多方面的能力，它一反传统教学严密有余而灵活不足、灌输有余而启发不足、重基础训练而轻能力培养的做法，使教学达到了情理交融、和谐统一的境界，这对培养学生听、说、读、写、观察、分析、综合、概括、形象思维、抽象思维、逻辑思维等方面的能力具有促进作用。例如，著名特级教师霍懋征执教《找骆驼》一课时，先请一位熟悉骆驼的新疆小姑娘朗读《沙漠之舟》一文，并为她录了音。上课时，霍老师在讲台上摆放骆驼的模型，然后打开录音机，让学生听那位小姑娘有声有色地介绍“沙漠之舟”——骆驼，学生一边听一边看一边想，学习兴趣十分浓厚。听完录音，霍老师让学生复述，学生都能把骆驼的外形特征和特殊本领讲得清清楚楚。这样既培养了学生听的能力，又培养了他们说的能力。如果用传统教法教生字、念课文、分段、讲解、归纳中心思想，是无论如何也难以收到这样好的教学效果的。霍老师执教《小马过河》一课时，一边播放幻灯片，一边播放学生自己的配乐朗读录音，将小马、老马、老牛、小松鼠的声音用不同语调读出来。这对于培养学生绘声绘色地分角色朗读，对于他们在作文中抓住事物特征进行形象化描写起着巨大的帮助作用。霍老师执教《桂林山水》一课时就打开幻灯机，让秀丽多姿的桂林山水的画面一幅幅展现在学生眼前；执教《月光曲》一课时就播放《月光曲》音乐，配上色彩鲜明的幻灯片，使学生有身临其境之感。这些对培养学生敏锐的观察力、形象思维能力和欣赏并感受美的能力起到了传统教学无法比拟的作用。

2. 现代化教学手段的运用

当前，我国语文教学中通常采用的现代化教学手段主要有以下几种。

（1）幻灯片和投影仪。

幻灯片和投影仪主要用于提供放大的图像或文字，其特点是可以控制图像呈现的时间，便于学生观察和体会。幻灯片的片型不同，在教学中的用处也不相同。

① 单片。单片的特点是画面大、色彩鲜艳、引人注目，易使人产生

身临其境之感，常用于写景、叙事类课文或看图说话、写话的教学中。如用单片展现桂林山水的秀丽风光和万里长城的雄伟景象，就会给人以美的享受。另外，用单片也可以显示复杂的叙事性画面，逐步呈现人物与景物，让学生一部分一部分地观察。

② 连片。连片主要由内容相关的两张或两张以上的静态单片组成，其特点是能展现事物发展的顺序，帮助学生理清行文思路。比如，教游记时就可以用连片按游览的先后顺序将游踪一一展示出来，使学生易于理解。

③ 复片。复片就是根据教学需要将整体画面分解成几个局部画面，教学时逐步呈现，最后构成一幅完整的画面。这样既可将教学难点分散解决，也有助于培养学生的分析能力和整体观念。

④ 动片。利用动片可以揭示事物的动态，引导学生进入思考状态，并能清晰地看到事物发展变化的全过程及各阶段的特征。

（2）电影、电视和录像。

由于电影、电视和录像具有形声并茂、感染力强的特征，因而特别容易激发学生的兴趣。电影、电视、录像所采用的快速、慢速、定格、变焦、显微、动画等特技可帮助学生更好地理解教学内容。常用来配合语文教学的电影、电视、录像有以下几种。

① 风光片。根据课文内容拍摄的电影、电视和录像，如有关桂林山水、瀑布景色的视频，能使学生的听觉、视觉处于高度和谐的状态，从而加深对课文内容的理解。

② 传记片。教学《董存瑞》一课时可先让学生看电影《董存瑞》，这样不仅能使学生易于理解课文内容，更能让他们受到革命英雄主义精神的教育。

③ 故事片。看根据文学作品改编和拍摄的电影，如《西游记》《武松》《高玉宝》等，能使学生培养爱好文学的情感，对学生扩大知识面、深入体会和理解文学作品大有裨益。

④ 科教片。将涉及科学知识、比较难懂的课文内容拍成科教片，用形象生动的画面加以呈现，往往可以使学生比较容易理解和领悟。

⑤ 教学录像片。让学生观看录像，使学生不仅可以从旁观者的角度重新审视教师的教学情况，也可以审视自己的学习情况，这对帮助学生找出不足、改进教学很有帮助。

(3) 录音。

录音在语文教学中运用得比较普遍，其主要的用途有这样一些。

① 朗读。用录音作为拼音、识字、阅读教学的示范朗读。

② 创设情境。教学中播放音乐、音响，可以起到渲染气氛、创设情境的作用。如教学《月光曲》一课时播放贝多芬的《月光曲》，教学《伏尔加河上的纤夫》一课时播放《伏尔加船夫曲》，这对学生感受和理解课文极有益处。

(4) 广播。

收听有线广播和使用收音机可以帮助学生获得大量信息，扩大知识面，陶冶美好情操，对于学生的健康成长和迅速进步意义很大。

(5) 电脑和白板。

将电脑和白板相结合，既可以播放电脑中的视频资料，又可以播放教师专门制作的教学课件，可以极大地丰富教学内容，开阔学生的视野，增添教学内容的形象性和感染力。

总之，现代化教学手段的普遍采用和日益更新是教育教学领域的大势所趋。采用现代化教学手段是提高教学质量、全面发展学生智力的必然要求，现代化教学手段为课堂教学带来了无限生机。因此，了解和应用现代化教学手段是所有中小学语文教师的重要而迫切的任务。

五、美的教学营造美的课堂

要让语文课堂闪耀美的光彩，就要研究语文教学与美、美育之间的关系，进而探讨使语文教学成为美的教学的原则和途径。

（一）美学原理与语文教学

在语文教学实践中，我们始终对这样的问题困惑不解：就语文学科本身的特色而言，它的内容是那样丰富深刻，它的形式是那样精巧多姿，可是为什么有些教师的语文教学却枯燥乏味呢？如童话《尾巴》这样一篇语言优美的儿童文学作品，在有的教师的眼中竟成了纯粹介绍尾巴作用的说明文。在这种情况下，学生所接受的只是关于动物尾巴有什么用处的简单知识，没有思想启迪，没有情感教育，没有美感陶冶。

如今，客观实践已经无情地宣告往日那种小语文教育观指导下的单纯追求知识灌输的教法是失败的，根本无法达到语文教学的目的——语文教学不仅要传授知识，还应重视提高学生的思想认识，进行艺术教育，这几方面完美结合所形成的整体创造能力，才是语文教学最根本的目的所在。只有具备了这些能力，学生才能站在知识、思想和艺术的高度去审视、分析和创造。从写作的角度来说，写作一篇文章所需要的能力是多方面的，如观察、体验、积累、选材、提炼、构思、表达、修改等能力，而作为贯穿写作全过程的作者的世界观、审美观、艺术观对一篇文章或一部作品的格调、质量、内涵等更起着决定性的作用。这些都需要靠平时的教学实践去逐步培养。

假如我们超越语文教学，从人的培养和塑造的角度去考虑，我们就会对知识之外的思想、情感、艺术教育即美的教育有更加深刻而全面的认识。对此，伟大的科学家爱因斯坦曾有过精辟的论述："光用专业知识教育人是不够的，通过专业教育，他可以成为一种有用的机器，但是不能成为一个和谐发展的人。要使学生对价值（社会伦理准则）有所理解并且产生热烈的感情，那是最基本的。他必须获得对美和道德的善，有鲜明的辨别力。"我国文学家郭沫若也认为，人类社会的根本改造步骤之一，应当是人的改造，而人的根本改造应当从儿童的感情教育、美的教育入手。两个人都深刻认识到美育对人格和谐的重要性。这些论述可以作为我们批判传统小语文教学观的有力武器。

美感教育对人的身心健康所产生的深刻影响，从达尔文的经历中可以看得更加清楚。英国的赫伯特·里德在其《寓教育于艺术》一书中引用了一段达尔文的自述。达尔文说，他在三十岁左右时，对弥尔顿、拜伦、雪莱、莎士比亚的诗竟然感到厌烦，对音乐和绘画的兴趣也开始丧失，其结果是他的思想似乎已经变成一种机器，只是机械地从无数事实和原料中提取出一般规律。他不明白为什么艺术爱好的丧失会引起心灵中另一部分能够产生高级意识的能力的衰退。达尔文针对自己的这种心理疾病开了一个良方，他说："假如我能够从头再活一次，我一定要给自己规定这样一个原则：一星期之内一定要抽出一定的时间去读诗和听音乐。只有这样，我现在业已退化的那一部分能力才能在持续不断的使用中保持下来。事实上，失去这种趣味和能力就意味着失去幸福，而且还会进一步损害理智，甚至可能会因为本性中情感成分的退化而危及道德。"

从这位进化论创始人的切身体会中我们可以清楚地看到，艺术和美育对人格发展和心理健康的重要性。因此，在各科教学中如果能有效地实施美育，该是何等的幸事！而语文本身所具有的内容美和形式美，正是实施美育的极好契机，无论从完美地完成语文教学的最高目标考虑，还是从人格的和谐发展角度考虑，在语文教学中充分显示、挖掘、光大美的色彩，就成为最自然而合理的要求了。

那么，语文教学何以能成为美的教学呢？

语文教学的美取决于语文学科本身的美。语文学科包含着丰富美妙的内容和形式。语文教材的体系，犹如一座由许许多多风格独特的建筑物所构筑的气势恢宏、和谐有序的壮丽宫殿。它是建筑师们按照美的准则和自己独特的审美理想所精心创造出来的。可是为什么不少教师面对如此美妙动人的景象竟然无动于衷呢？用马克思的话说："对于不懂音乐的耳朵，最美的音乐也没有意义。”他还说：“如果你想欣赏艺术，你必须成为一个在艺术上有修养的人。”罗丹也说：“美是到处都有的，对于我们的眼睛，不是缺少美，而是缺少发现。”这些精辟的见解使我们深刻地认识到，作为一名语文教师，应该大力加强自身的艺术修养，对语文学科的内容美和形式美要有全面而深刻的理解。

语文学科的内容美在现行教材中体现得最为集中而充分。诗歌、小说、散文、戏剧、传记、游记、杂文、童话、寓言、通讯、议论文、说明文、报告文学等体裁中蕴含着极为丰富的思想美和感情美。

如果说语文学科的内容美体现了古今中外的艺术家对自然美、艺术美和社会美所寄寓的无限丰富的思想感情，那么语文学科的形式美则体现了艺术家的艺术匠心。如诗歌的凝练美、含蓄美、音韵美、节奏美、和谐美、均衡美，小说的雄浑美、悲壮美、曲折美、悬念美、精巧美，散文的变化美、奇异美、宁静美、自然美、统一美，戏剧的矛盾美、冲突美、对话美、结构美、转换美，还有说明文的层次美，议论文的逻辑美……真是千言万语，难道其美！

语文学科所具有的丰富多彩的内容美和形式美，客观上要求语文教学过程真实而充分地反映出其自身所具有的这些特色，否则便无法保证教学的全面、深刻。

剖析语文教学单调乏味的诸多原因后可以发现缺乏美的色彩正是其主要原因。当语文教学有了美的色彩后，就会气韵生动、流光溢彩。一是因为语文学科本身是按照美的规律与准则，由作者和编者精心设计和构筑的美的宫殿，因而客观上要求教学过程如实地展现其固有的本质特征。二是从审美心理方面来说，爱美之心，人皆有之。正如高尔基所说：“照天性来说，人都是艺术家，他无论在什么地方，总是希望把美带到他的生活中去。”语文教学的美，正好符合学生对美的渴求。三是从人格陶冶方面来说，美感对于人的心理和谐、道德完善具有重要的影响，因而从主观上说也要求语文教学成为美的教学。

在教学实践中把语文教学从黯淡无光的境地解救出来，使之神采飞扬、光艳照人，需要教师拥有深厚的审美素养，能在教学过程中遵循美学三大原理。

（二）美学三大原理

美学三大原理即情感转移原理、和谐奇异原理、多样统一原理。下面分别对其进行论述和分析。

1. 情感转移原理及其作用

情感转移原理是指在作品、教学、表演、演说中使大多数读者、观众和听众在思想感情上与作者产生强烈的共鸣，恨作者之所恨，爱作者之所爱。都德的《最后一课》中韩麦尔先生的那“最后一课”就使学生产生了强烈的情感共鸣；《白毛女》的演出曾使无数观众群情激奋、斗志昂扬；《少年维特之烦恼》曾吸引不少青少年学维特的穿衣着装、言行举止；在《蒙娜丽莎》的画像前很多人都会沉思冥想、流连忘返。类似的情形，不胜枚举。

情感转移作为美学的一个基本原理，在教育教学中具有重要的作用。孔子很早就认识到这个道理，他所说的《诗经》可以“兴”“观”“群”“怨”，可使人“思无邪”，说的正是这种作用。在教育教学过程中，要成功地贯彻“明确意义，增强兴趣”这一教学原则，达到“发展与创造”的终极目的，首先必须解决学生的适应性问题，只有先解决了这个问题，学生才可能将接受的知识、思想、情感等转化为动力和能力，进而去提高和发展自己，去创造新的生活。由此可见，情感转移是一切教育教学活动的催化剂和导火线，因为教学也好，演说也好，表演也好，总要先让人们产生兴趣、产生共鸣，才谈得上教育效果，才能达到预期的目的。一位语文教师要教一首诗，如果自己都不懂这首诗，不喜欢这首诗，不能通过语文教学打动学生的心灵，那么蕴含于诗歌中的深刻思想就不可能挖掘出来，洋溢于诗歌中的真挚情感就不可能传达出来，诗的形式美也就不可能充分展示出来，这样的教学又怎能谈得上效果？假如教师只是热衷于灌输知识，如教学《尾巴》这则科学童话，只重视讲解尾巴的用处，而不关注作品中对人的智慧、老牛的深沉、小鹿的母爱、小鱼和小虾的纯真等由衷的赞美和对苍蝇的浅薄、虚荣的讽刺等宝贵的思想情感，对作品语言的美和结构的美也不加分析，就是丢掉了作品中最有魅力、最有价值的财富，纵然灌输给学生很多关于尾巴的知识又有多大意义呢？优秀的成功的教学不仅包括知识的传授，还应包含思想的启迪、情感的交流、美感的培育和能力的训练。做到了这些，才是完整的成功的教学，才是美的教学。

在现今的语文教学中，相当多的教师习惯于只教知识，结果由于没有情感转移作动力和催化剂而难以取得良好效果。假如能将每篇课文中所蕴含的知识、思想、情感、美感等充分挖掘出来，那该是何等生动、丰富、美好的教学？遗憾的是，因为执教者意识中、指导思想中美感的缺失，竟使他们将珍珠和美玉弃之如草芥，这岂不是会使作者、编者重效卞和之哭？

2. 和谐奇异原理及其作用

和谐奇异这一重要的美学原理对改变语文教学的拘谨、单调局面具有重要作用。单纯统一、比例协调、对称均衡等都是和谐的，但是和谐只有与奇异相结合才是完备的美学原理。在音乐中，“协和音”与“不协和音”有机统一，才能奏出最动听的乐曲；在戏剧、小说中，曲折的情节、尖锐的冲突最能打动观众和读者的心灵。雨果认为，美丑对照才最富美学效果。在其名著《巴黎圣母院》和《悲惨世界》中，他成功地实践了这一美学主张，取得了奇特的艺术效果。优美的湖光山色固然是和谐的，但是波澜壮阔、惊涛拍岸、气象万千的大海与宁静而朦胧的远山的轮廓所构成的和谐却具有更高的美学价值和更动人的和谐美。

老子提出“大器晚成”“大音希声”“大象无形”“大直若屈”“大巧若拙”“大辩若讷”等观点，体现了辩证的思想，表明和谐里包含着奇异，有奇异才更和谐。

在语文教学过程中，教师如果能遵循和谐奇异原理，用演示、答疑、辩论、表演等手段代替单调的讲述，用抑扬顿挫、形象生动、幽默风趣的教学语言代替平铺直叙的陈词滥调，用恰当的表情和潇洒得体的手势等体态语言代替冷漠呆板的姿态，教学的局面将会是多么生动和美妙啊！

著名航空工程学家冯·卡门讲课时常常一边在黑板上写，一边从容不迫地讲，课堂上，学生常常会发现老师掉进了似乎难以解脱的思维陷阱里，走入了不能自圆其说的“死胡同”。调皮而聪明的学生既觉得有趣，又为老师担心，在他们屏息静听和等着看老师的笑话时，突然发现老师已巧妙无比、出人意料地把自己从困境中解救了出来。学生最初的反应是惊奇，之后是突然领悟，不断喝彩，为老师卓越的教学技巧而感到惊叹。这种和谐而奇异的教学景象留给学生的印象是非常深刻的，教学效果自不必说。

徐迟在报告文学《哥德巴赫猜想》里写到陈景润中学时的一位数学老师——那位使陈景润第一次听到“哥德巴赫猜想”这世界难题的人。那位老师在课上向学生提起这道世界难题时说，几百年来无数数学家费尽心血，却没有人能够证明它，可是他前一天晚上做了一个梦，梦见他们中间有位同学很了不起，证明了“哥德巴赫猜想”。老师的一席话让好胜的学生们十分激动。第二天再上数学课时，几个相当用功的学生向老师递交了自己的答卷，都宣称自己已经证明了那道世界难题，它没有什么了不起的！老师却亲切地微笑着说：“你们这些卷子我是看也不会看的，用不着看的。那么容易吗？我看你们是想骑着自行车到月球上去。”说得大家哄堂大笑起来。在这个例子里，老师意在激发学生向科学高峰攀登的雄心壮志，所以先用激将法鼓励学生去尝试，明知他们解答不了也不阻止，等他们尝试过后又报以善意的嘲讽，从而使学生对这道数学难题留下了极为深刻的印象，也使他们领悟到攀登科学高峰的艰辛。这样的教学较好地体现了和谐奇异的美学原理，它深深地铭刻在陈景润的心里，老师的那句“我梦见你们中间有位同学，他不得了，他证明了‘哥德巴赫猜想’”，成为陈景润研究“哥德巴赫猜想”的动力，最终使他登上了“1+2”的台阶，创造了举世瞩目的“陈氏定理”。

3. 多样统一原理及其作用

单调与多样相比，多样显得更有美感，但多样而杂乱就不美了，有差异而又有联系，既多样又统一才是美。

老子认为“道”与“美”是紧密相连的，“道”是最高、最完善的多样统一：“道生一，一生二，二生三，三生万物。”万物均统一在“道”，“道”是万事万物的集中体现。老子还说：“有无相生，难易相成，长短相形，高下相盈，音声相和，前后相随，恒也。”世界上的事物既对立又统一，没有难就无所谓易，没有高就无所谓低，世界就是由这些矛盾统一的事物构成的，这是永恒的规律。老子的这一思想是对多样统一原理独特而深刻的论述。

在语文教学过程中，将课堂教学与课外活动结合起来，将理论研究与实践活动结合起来，这就体现了多样统一的原理，符合教育教学的发展规律。把课堂教学活动组织得既丰富多样又不杂乱无章，让学生感受到内容的丰富多彩而又集中统一，形式的异彩纷呈而又井然有序，这就很美。语文教学采用单元整体教学法，引导学生按照“整体—部分—整体”的流程学习，从而达到掌握结构、发展能力的教学目的，这是多样统一原理在教学中的很好体现。

其实，多样统一也就是在遵守规范和秩序前提下的生动活泼的表现，犹如一台精心准备的主题鲜明、形式丰富的春节联欢晚会。在语文教学中，一堂课往往包含哲学、历史、天文、地理等方面的知识和各种思想感情，形式上也多种多样，但无论怎样，内容与形式的丰富多样都应和谐地统一到该堂课的教学目的和教学重点上去，唯有如此，才能创造出既生动活泼又严整有序的美的教学，才能较好实现语文教学的真正目的。

六、整体教学铸就高效课堂

（一）整体原理是语文教学的指导原则

多年来，我们在语文教学的实践和研究中花费的心血不可谓不多，付出的代价不可谓不大，但大多是“头痛医头，脚痛医脚”，抓不住关键，见不到整体。这可以说是语文教学改革收效甚微、进步缓慢的根本原因。长此下去，想要改变语文教学目前这种消极循环的局面将十分困难。因此，我们必须迅速建立大语文教育观和整体观，登高望远，胸怀全局，把握整体，不要继续用小语文教育观去孤立地看问题、零碎地教知识。

系统科学的整体原理表明，任何系统都是有结构的，系统整体的功能远大于各部分的功能之和。没有结构、没有系统的东西是不可能发挥整体功能的，相反，各部分之间还会相互阻碍。孤立、零碎的教学，表面上看教的知识很多，但由于这些知识是混乱无序、没有结构、没有系统联系的，学生根本记不住。不少人读了很多的书，但是不善于融会贯通，只记得只言片语，与人谈话时虽然能引经据典，做出事来却往往贻笑大方。

系统科学的整体原理把系统性、完整性和连贯性上升为普遍原理。将这一原理运用于语文教学，有着极为重大的指导意义。语文学科与其他学科一样，是有系统、有结构、有内部联系的。就中学语文知识而言，既有与小学语文知识的必然联系，也有与相邻学科知识的联系，从更广阔的视野看，还有与历史和现实的联系。假如我们教学时不能看到这些联系，而是孤立、烦琐、零碎地讲解知识，如对某篇课文中的某一个字进行无休止的考证和引申发挥，却把更重要的内容抛诸脑后，“一叶障目，不见泰山”，“拣起芝麻，丢了西瓜”，这样的教学又有什么意义呢？

按照整体原理进行教学，要求教师居高临下，统揽全局，分清主次，确定重点，循序渐进地进行教学，让学生充分地吸收精华而舍弃糟粕。整体教学总是先让学生总揽全局，对学习内容有基本的了解，然后再将整体分解成一个个学生可以接受的知识要点，同时不断强调各部分之间的内在联系，使学生建立起关于课文内容的整体结构。例如，教学计算机程序语言时，假如一开始就一句一句地教程序语言，效果肯定不好；如果从整体入手，让学生先对要解决的问题有大致的了解，并注意各部分之间的联系，再逐步学习程序语言，教学效果就会好得多。对语文教学来说，如教小说，应让学生把全篇课文阅读一遍，再逐步分析序幕、开端、发展、高潮、结局、尾声，同时注意前后情节线索的联系，最后引导学生形成整体认识，这样学生才会学得主动，记得清楚。我们在教学过程中就十分重视引导学生建立整体观念，开设了关于预习、上课、复习、作业、测试等专题讲座，对学习全过程各环节的特点、作用和要求等进行系统指导，使学生认识到学习是一个系统完整、不可分割的过程，不应只注意某一个孤立的环节，而应把这些环节紧密联系起来，发挥整体功能，从而提高学习效率。我在执教古典文学课程时改变了从前孤立、零碎的教法，先用几节课向学生完整地讲授中国古代文学发展简史，使学生对中国古代文学的发展有了基本了解，然后才按年代顺序逐篇教学，这样教学既便于学生理解，又便于学生记忆，同时，学生记录的这份文学发展简史的笔记也是一份系统的读书目录，有助于引导学生进行课外阅读，真是一举多得。

在教学中，不少教师习惯于运用程序教学法，强调“小步子”教学。这在特定阶段和特殊情况下是必要的，比如，在学生的理解能力较弱的阶段，在需要精细讲解和着重强调的情况下，这种又快又稳的“小步子”教学有助于讲清问题。但若在整个教学过程中全部采用这种教法则必然会耗费过多的时间，并容易使教学双方过于关注琐碎的问题而忽略更重要的教学内容和要求，导致教学低效。这一点是教师应该认真思考和极力避免的，因为很多语文课堂的教学就陷入了这种琐碎问题的泥淖中。

依据整体原理，按“整体—部分—整体”的流程进行教学，通常省时而又高效。因为整体不仅是部分的总和，还具有完整性和连贯性，能够使知识形成完整的结构，发挥强大的整体功能。因此，每一位教师在教学过程中都要不断自问：我从整体上讲清楚这部分知识了吗？我引导学生建立起完整的知识结构了吗？假如是把系统的而不是孤立的、完整的而不是零碎的知识教给了学生，这一堂课就是成功的。从更广的意义上说，假如我们运用整体原理，把德、智、体、美、劳结合起来，形成一个整体的教育，就能培养出全面和谐发展的人才。

综上所述，我们可以得到以下几点认识。

其一，整体原理是教育教学过程中具有重大指导意义的基本原理，也是语文教学的基本指导原则。

其二，语文教学是一个具有严密结构的系统整体，因而理应在整体原理的指导下组织教学；把语文教学与人类历史、社会人生、各科教学、课外活动相联系，从而构建大语文教学的完整结构体系，这是语文教学发展和进步的必由之路。

其三，语文教材中的各个单元相对于整个教材体系来说，是一个结构严密、相对完整的子系统，是编者按统一的教学原则和要求并根据一定的结构精心编排的。课堂教学中如果能把一个单元作为一个整体进行系统的教学，就能卓有成效地解决语文教学费时低效的问题。

（二）整体教学是语文教学的最优选择

在上述思想的指导下，我在教学中对单元整体教学进行了长期的实践和探索，逐渐形成了比较完整的教法设计。

在实际教学中，我按照“整体—部分—整体”的流程，将以单元为整体的教学过程分为三个阶段九个环节。

1. 第一阶段：总揽全局，把握整体

这一阶段教学设计的指导思想和教学目标包括：第一，引导学生从整体上初步了解和把握全单元的基本内容、学习重点和难点；第二，引导学生认识和探索全单元中各篇课文间的内在联系，建立整体观念；第三，让学生对本单元的教学内容设疑问难，创设引导学生深入学习的问题情境。

此阶段在教学过程中属于预习阶段，犹如战争中的全面了解敌情，制订战略部署阶段。它可以分为以下三个环节。

（1）宏观指导，确立整体目标。

在新单元教学开始之前，教师引导学生全面系统地了解整个单元的教学内容、重点、难点和需要掌握的基本技能，使学生明确学习目的并增强学习兴趣，从宏观上对全单元的整体内容做到心中有数。这样就改变了以往孤立地进行单篇课文教学的不利局面，有助于培养学生的整体观念，让学生把握知识的完整体系和结构。具体做法是由教师带领学生明确本单元有些什么体裁的课文，大致内容是什么，教学的基本要求是什么，各篇课文的相同点和不同点是什么，等等。学习不必太深入，只做初步了解即可。教师也可以列一个提示，让学生对照提示去探究，并做简要记录。

（2）专题探讨，串联单元要点。

在第一环节初步了解基本情况的基础上，教师可以给学生下达专题写作任务。如散文单元就可以将作文题目定为《散文的特征和写作》，议论文或说明文单元也与此类似。教师可以让学生比较系统地去阅读和研究全单元中各篇课文的特征和写法，并把每一篇课文的特征和写法记下来，再归纳综合，列出专题论文的提纲，然后完成专题论文。学生写作专题论文的过程，也就是他们比较、分析各篇课文的联系、差异、共性和个性的过程，亦即完整地认识各部分之间内在联系的过程。用这种方法既能培养学生的整体观念，又能培养学生的分析和写作能力，特别重要的一点是能对学生的预习起到指导作用，使预习真正落到实处。

（3）提前习作，明确学习重点。

目前，教师布置作文普遍是在教完一个单元之后，让学生按所学课文某种写法仿写一篇作文。运用这种做法的好处在于，学生对该类文章既有了一定的认识，又有了具体的模仿对象，写起来似乎更容易些。但据我的经验，上述做法极易使学生产生依赖感，降低写作兴趣，且不利于学生想象能力和创造能力的发挥。若改成未上新课之前就让学生尝试写作，学生写起来自然会感到困难些，但我们所要的正是使学生感觉困难，并引导他们弄清楚写这类文章究竟难在何处。如写一篇议论文，学生可能不懂开头如何提出问题，或者不会进行严密论证，或者不知道怎样妥善结尾，这样他们就会明确认识到自己究竟缺少哪些方面的知识和能力，心中有数，也就能在接下来学习范文时抓住重点，做到对症下药，因需而学。陶行知先生在《试验教育的实施》中说："试验的教学法，有一个最要之点，这要点就是如何养成学生独立思想的能力……第一，要使学生对于一个问题处在疑难的地位；第二，要使他审查所遇见的究竟是什么疑难；第三，要使他想办法解决，使他想出种种可以解决这疑难的方法；第四，要使他推测各种解决方法的效果；第五，要使他将那最有成效的方法试用出去；第六，要使他审查试用的效果，究竟能否解决这个疑难；第七，要使他印证，使他看这试用的法子，是否屡试屡验。"由此可见，要培养学生独立思考的能力，要使学生学有目标、学有重点、学有动力，就要使学生知道自己的疑难与需要究竟是什么。否则学生学习时就会盲目、消极、被动。当然，提前习作并不是要求学生在课前完成作文，而是要让学生了解疑难，完成作文的时间可以延迟。

上述三个环节是第一阶段，可统一归为总体预习的范畴。完成了这几个环节，也就为第二阶段的具体学习做好了充分的准备。

2. 第二阶段：分步教学，培养能力

如果说第一阶段侧重于预习和整体把握，那么第二阶段则侧重于具体分析，要求逐步实现预习阶段的既定目标。此阶段包括以下三个环节。

（1）示范教学，提供学法指导。

示范教学并提供学法指导的具体做法是由教师选择单元中的一两篇有代表性的课文进行示范教学，为学生自学其余各篇课文提供学习方法的指导。

这样做的好处在于：第一，改变了以往不分轻重、逐篇讲解、费时低效的状况，做到了精讲，节省了时间；第二，通过精讲省出的时间，可以让学生积极主动地自学，避免了"一言堂"和"满堂灌"的情况；第三，有助于充分发挥学生学习的主体作用，使其能根据自己的具体情况和需要选择学习方法和学习重点，从而实现因材施教、培养能力的目的；第四，对学生自学中遇到的难题，教师适时予以点拨，教给方法，让学生自己思考和解决问题，有助于培养学生独立思考的能力。

（2）批注自学，培养自学能力。

教师可以先对确定要由学生自学的课文的学法和学习重点略加提示，然后让学生通过批注法和小组讨论法研读课文，边思边评；同时要求学生除对课文做具体评点和批注外，还要列出各篇课文的结构提纲。这样两方面结合起来就可以保证学生在自学过程中既能精细入微地学习，又能整体把握结构、总揽全局、点面结合。要做好这个环节的工作，教师应对批注自学法、小组讨论法、列提纲法等进行具体指导。

（3）完成作文，达到发展目的。

经过上述诸环节的学习之后，学生了解了写作疑难，通过初步的交流和自己的学习，在认识上有了一个质的飞跃，此时可以再让他们对最初的习作提纲或草稿加以重新构思、调整、补充、修改、完善，从而最终完成写作。作文完成后，学生要附上写作提纲和后记，先由学生互评，消灭错别字，写好评语，评定分数，最后交由教师审阅，教师对提纲、作文、后记、评语认真全面地进行讲评。这样学生在这一个单元的写作训练中，就经过了"实践—认识—再实践—再认识"的过程，较之以前那种模仿性作文，这一做法的先进性和有效性是不言自明的。

上述三个环节是分部分、有重点地学习，重点在于培养学生的能力，是单元整体教学的中心环节和核心部分。

3. 第三阶段：系统总结，巩固拓展

如果说第二阶段在整个教学过程中属于“主攻阶段”，那么第三阶段就像是“打扫战场”，目的在于巩固和扩大“战果”。此阶段着重于整体复习和拓展知识面。系统科学指出，“逐步深化，周期循环”是教学实现高效率转化的关键所在，是一条十分重要的教学原则。因为人们对客观规律的认识并不是一次性完成的，学习过程中记忆还伴随着遗忘。根据遗忘规律可知，当天所学的功课，如果不在当天及时复习巩固，就会遗忘一半以上，以后还会逐步遗忘，但遗忘的速度会逐步减慢。因而，想要使知识巩固、深化、拓展，就必须进行周期性复习。每学完一课和一单元之后，要及时复习巩固，而不要等到考试前再复习。同时还应制订第二周期、第三周期的复习计划，做到“温故而知新”。这一阶段通常可以分为以下三个环节。

（1）作文自评，提高评析能力。

在作文批改方面，我们应改变以往全由教师批改的做法，可以先指导学生自我评改和互相评改，再由教师审阅评讲。这样做不仅能节省教师批改的时间，还能提高学生多方面的能力。

首先，这样做可以保证及时反馈。如果作文全由教师批改，教师的工作量就会很大，难以挤出时间对教学过程进行通盘考虑，甚至连写教案的时间都没有。同时也会使每次作文的反馈周期拖得相当长，难以达到及时反馈的目的。

其次，通过自评和互评，学生可以获得互相观摩、取长补短、共同提高的机会，也可以获得再学习、再复习的机会。

再次，这样做可以提高学生的分析能力和审美判断能力。

我的一些做法也许可以给大家些许启示。作文评改课上，我会先提出作文评改要求和一些具体指导措施，要求学生同桌之间互改互评，并用铅笔写出该作文的优点与不足，提出改进意见，然后打上分数，注明评改者的姓名以示负责。然后，将学生的作文收上来，我全面审阅后进行评讲。在讲评时，我既评提纲、评作文、评后记，也评学生的评语；对评语欠妥的加以校正，对评语精当的给予表扬，是谓“评语的评语”。同时，我也鼓励作者和评者对我的评语加以评判，这种做法的效果远胜于以往教师独断专行进行评改的效果，充分体现了民主的教学思想。

(2) 检查测试，完善教学过程。

教师应针对单元的知识体系、教学目的、重点和难点等拟定系统复习题，对学生的学习效果进行全面检查，然后补充、纠正、重申、强调，并根据需要调整教学过程。同时，教师还应对学生的课堂笔记、读书笔记、课本批注等进行检查指导，帮助学生提高学习效率。

(3) 命题自查，做好系统复习。

根据教师提出的系统复习检查项目和要求，每位学生逐项进行自查，找出薄弱环节，及时复习巩固。为使这项工作落到实处，教师可以在每单元教学结束后要求每位学生出一份该单元的试题，然后全班学生交换试卷自考自查。考过之后将试卷交由教师评判，最后举行试卷展评活动。这种做法的好处在于：第一，锻炼了学生的命题制卷能力；第二，促使学生深入钻研和系统复习；第三，交流试卷的活动使学生大开眼界，启发了他们的创造性思维，令他们获得了新知识和新思路，极大地丰富和加深了学生对单元整体知识结构的认识。

同时，我们还可以经常在班级举办读书方法报告会和阅读知识竞赛，开展读书活动，拓展学生的知识面，将课堂学习与课外学习结合起来，以发挥语文教学的整体功能。

至此为止，就一个单元的整体教学来说，基本上算是告一段落了。但就整个学期的教学来说，我们还应该将各个单元的知识体系串联起来，从而形成更大的体系。因为一个单元就其本身来说是一个相对完整的有机整体，但就全册教材来说，却只是其中的一个组成部分；同样，一本教材本身是一个有机整体，但就整个语文教学体系来说，也只是其中的一个组成部分。整体的概念是相对的，而知识与知识之间却是相互联系的。因此，我们务必在教学过程中妥善地处理好整体与整体、部分与部分之间的关系，从而进行系统完整又简练高效的教学。

（三）整体教学对教学的改进和学生的发展意义重大

与传统小语文教学相比，整体教学具有鲜明的特色，它对于语文教学效率的提高和学生各方面能力的发展起着十分重要的作用。

第一，在教学理论指导上，将大语文教学观和整体观贯穿于整个教学过程，遵照“整体—部分—整体”和“预习—上课—复习—测试”的科学严密的程序，有条不紊地实施教学计划，引导学生建立整体观念和知识结构，从而革新落后低效的课堂教学结构模式，促进教学的进步。

第二，切实体现了以学生为主体，以教师为主导的教学原则。在教学过程的三阶段九环节中，教师主要在宏观指导、示范教学和检查测试三个环节发挥指导作用，其余六个环节则以学生为主体，让学生按科学的学习方法进行卓有成效的自学，从根本上改变了“教师满堂灌，学生无事干”的状况。

第三，加强了教学实践，落实了能力训练，使学生的自学能力、写作能力、评析能力、自查能力等都有了提高。

总之，以整体原理为指导原则，以单元教学为中心环节，并以此为基础向课外活动的广阔天地拓展延伸，构建语文整体教学的结构体系，就能够达到推进语文教学全面进步的目的。

附：三阶段九环节单元整体教学结构示意图。

整体	第一阶段：总揽全局，把握整体		预习
	第一环节：宏观指导，确立整体目标	教师	
	第二环节：专题探讨，串联单元要点	学生	
	第三环节：提前习作，明确学习重点	学生	
部分	第二阶段：分步教学，培养能力		上课
	第一环节：示范教学，提供学法指导	教师	
	第二环节：批注自学，培养自学能力	学生	
	第三环节：完成作文，达到发展目的	学生	
整体	第三阶段：系统总结，巩固拓展		复习
	第一环节：作文自评，提高评析能力	学生	
	第二环节：检查测试，完善教学过程	教师	
	第三环节：命题自查，做好系统复习	学生	

阅读教学的批判与重建

第五章

学习语文要以阅读为基础，没有大量高效的阅读，语文素养就难以提高。本章对当前教育背景下阅读教学中普遍存在的为考而读、以讲代读、以练代读等问题进行了反思和批判，并在此基础上提出了具体的建议和改进措施，主张将先贤“读万卷书，行万里路”的精神发扬光大，转变阅读教学方式，调整阅读教学课程，加强课外阅读指导，想方设法调动学生阅读的积极性，不遗余力地促进学生进行课外阅读。

第一节

阅读教学的批判

一、阅读教学问题种种

在当前的教育背景下，中学阅读教学究竟存在哪些突出的问题呢？

（一）为考而读

如今，出于中考与高考的现实考虑，很多人嘴里说着素质教育，实际上仍在奉行应试教育，表现在阅读教学中就是师生一致为考而读。平时上课也好，做作业也好，测试也好，全都是以中考和高考的内容为指挥棒，师生早已养成紧盯中考和高考风向的习惯，哪怕考试内容有一点变化，也会引起师生的高度重视。中考和高考试卷里有记叙文就只读记叙文，有说明文就只读说明文，去年没考名著阅读，今年便不再关注名著阅读。这样的阅读教学完全是实用主义的，在这种教学思想的指导下，要有效提高学生的阅读素养和水平是根本不可能的。

（二）以讲代读

观察中学阅读课堂不难发现，在四十五分钟的时间里，用来让学生自主阅读的时间实在少得可怜，让学生不受干扰地进行自由阅读更是难得一见。取而代之的是教师面面俱到、不厌其烦的讲解，讲作者生平与创作，讲文章创作的时代背景，讲生字词，讲重点句段，讲练习答案。

总之是读得少，说得多。因为学生没有深入细致地进行阅读和体验，所以对文章内容的感悟和理解也就很肤浅。

（三）以练代读

学生在课堂上没有机会阅读和体验，回到家更没有时间阅读和体验，各科繁重的作业甚至占据了学生的睡眠时间。至于阅读作业，重点也不在培养学生的阅读能力，而在于做各种练习册、练习卷和测试卷上的一道道阅读题。做题训练的是学生根据问题挑选答案的能力，根本无法让学生获得自由阅读和深入体验的机会。

二、阅读现状迷雾重重

（一）为什么读

如今，有不少中学生或沉迷于网络游戏，或热衷于四处游荡，不要说阅读课外书了，就连课文都懒得读。如果是教师的教学方式限制了学生的阅读，还有希望调整，但如果是学生自己浑浑噩噩，不思进取，不懂得阅读的价值，不知道为什么要阅读，完全心不在焉，那还如何进行阅读呢？

（二）读什么

有些想阅读书籍的学生，由于得不到阅读指导，只能很盲目地读，虽然花时间阅读了，可是读的尽是充满色情、暴力等内容的书，或是武侠、漫画和明星逸闻等休闲类书籍。这些书中往往精华少于糟粕，有害多于有益，读了还不如不读。

(三) 怎么读

一个令人非常不解的问题是，每学年那么多节语文课，为什么就没能让学生明白为什么读书、要读哪些书以及如何读书呢？很多学生不知道中国历史上究竟有哪些值得读的好书，也不知道外国有哪些值得读的好书，更不知道什么样的书该用什么样的方法去读。对这些读书人理应十分了解的东西，大多数学生却是一头雾水。我们语文教师应该扪心自问：我们的阅读教学究竟教给了学生哪些有用的知识？我们这样苍白的阅读教学究竟还要延续到什么时候呢？

第二节

阅读教学的重建

一、光大先贤的读书精神

（一）读万卷书

在漫长的岁月里，我们的先贤们创造了光辉灿烂的中华文明。仅在文学领域就留下了先秦散文、楚辞、汉赋、唐诗、宋词、元曲、明清小说等，让今人自叹弗如、望尘莫及。古人的这些伟大创造首先要归功于他们“发奋识遍天下字，立志读尽人间书”的精神。而这种精神正是今人所缺乏的。

古人深知读书求学的重要性，历史上留下了许许多多关于勤学苦读的动人故事。

东汉时期的政治家孙敬，年轻时读书十分刻苦，为了不在读书时睡着，便把头发系在房梁上，这样一打瞌睡就会因扯痛头皮而清醒。《战国策》中记载，苏秦“说秦王，书十上，而说不行”，于是回家苦读，“得太公《阴符》之谋，伏而诵之……读书欲睡，引锥自刺其股，血流至足”。苏秦因多次向秦王献策却不被采纳，于是发愤苦读，每当困倦时就用锥子刺大腿，以致血流到脚上。这便是“悬梁刺股”的故事。

《西京杂记》中记载：“匡衡勤学而无烛，邻居有烛而不逮，衡乃穿壁引其光，以书映光而读之。”

《晋书·车胤传》中记载，车胤“博学多通，家贫不常得油，夏月则练囊盛数十萤火以照书，以夜继日焉”。

《尚友录》中记载：“孙康，晋京兆人，性敏好学，家贫无油，于冬月尝映雪读书。”

宋代的杨时与游酢曾走了很远的路去拜当时的大学者程颐为师。到达时，程颐正在休息，杨时、游酢二人便恭敬地站在门外等候，没想到下起了雪，二人伫立雪中，耐心等待程颐醒来。等到程颐休息好，请他们进屋时，他们身上早已落满雪花，几乎成了雪人。这就是“程门立雪”的故事。

明代文学家宋濂在《送东阳马生序》中曾写了自己读书求学的经历，感人至深。原文为“余幼时即嗜学，家贫，无从致书以观，每假借于藏书之家，手自笔录，计日以还。天大寒，砚冰坚，手指不可屈伸，弗之怠。录毕，走送之，不敢稍逾约。以是人多以书假余，余因得遍观群书。既加冠，益慕圣贤之道，又患无硕师、名人与游，尝趋百里外从乡之先达执经叩问。先达德隆望尊，门人弟子填其室，未尝稍降辞色。余立侍左右，援疑质理，俯身倾耳以请；或遇其叱咄，色愈恭，礼愈至，不敢出一言以复；俟其欣悦，则又请焉。故余虽愚，卒获有所闻。当余之从师也，负箧曳屣，行深山巨谷中，穷冬烈风，大雪深数尺，足肤皲裂而不知。至舍，四肢僵劲不能动，媵人持汤沃灌，以衾拥覆，久而乃和。寓逆旅，主人日再食，无鲜肥滋味之享。同舍生皆被绮绣，戴朱缨宝饰之帽，腰白玉之环，左佩刀，右备容臭，烨然若神人。余则缊袍敝衣处其间，略无慕艳意，以中有足乐者，不知口体之奉不若人也。盖余之勤且艰若此”。

一篇《送东阳马生序》写尽古人求学的勤奋和艰辛。宋濂在艰苦的环境中想方设法博览群书，积土成山，积水成渊，积跬步而至千里，积小流而成江海，终成一代名家。

古人何以有如此志向和意志呢？正是因为他们懂得“君子博学而日

参省乎己，则知明而行无过矣”，同时也因为古人推崇“万般皆下品，唯有读书高”，信奉“书中自有黄金屋，书中自有颜如玉”。这些认识向来被一些人作为落后陈腐的思想而严加批判，他们忽视了这些认识一定程度上体现了古人对读书价值的高度重视。如果说它有消极作用的话，这种消极作用也远比“知识越多越反动”的谬论少得多。认为“万般皆下品”是片面的，说“唯有读书高”则是有可取之处的，我们应倡导读书求知。至于“书中自有黄金屋”则与今天我们所说的“知识就是金钱”有相通之处，而“书中自有颜如玉”也并非毫无道理。古人用这些话去鼓励人们读书求知，在历史上是有进步意义的。即便是在今天，完全“为中华之崛起而读书”的人有几个？多数人是既为建设国家而读书，也为个人生存和发展而读书，只是读书的劲头远不如古人那么强劲了。像欧阳修那样在枕上、厕上、马上都手不释卷的人，今日又能有几个？所以我认为继承古人立誓读万卷书的精神，是学好语文的第一步，也是最重要的一步。

值得一提的是，古人读书既重视数量，更重视质量。其方法主要有“三读四温”，对于名家名篇，不是浅尝辄止地读一遍就算了，而是要反复诵读，以求领悟书中的精髓，并运用于写作中。背诵也是古人学习时采用的重要方法。古代教育在启蒙时就非常重视背诵，《三字经》《千字文》《百家姓》《论语》《孟子》等典籍，都是要求儿童背诵的读物。随着学习者年龄的增长和学习能力的提高，更要求其背诵历代名篇佳作。《昭明文选》《古文观止》等文集汇聚了古代的经典美文，古代的读书人对其中的篇目、内容、典故，大都耳熟能详。“读书破万卷，下笔如有神”正是古人读书的经验之谈。毛泽东是古人学习传统的杰出继承者，他到晚年，还能随口背诵出两百多篇古诗文。因此，他说话、演讲、写作时，总能对古籍中的典故、名言信手拈来，运用自如，极大地增强了文章的表现力。今天的中学生不再像古人那样勤学苦读了，也不再像私塾里的孩子那样常常因背不出书而挨先生的板子了，不少人懒得背诵，致使腹中空空，写作文时就只能搜肠刮肚，做无米之炊了！

今天，我们的物质条件比古时候不知要好多少倍，家里、教室里、商场里到处灯火通明，想读书的时候，我们大可不必像匡衡那样去凿邻居的墙壁了；书店里、图书馆里有读不完的书，我们大可不必像宋濂那样“闹书荒”了；学校、教育培训机构很多，我们也大可不必像古人那样到处求师了，因为在信息技术高度发达的今天，我们求知的途径不再只有读书这一种了。可为什么我们读书的条件比古人强百倍、千倍，而读书的成就却远远逊色于古人呢？这是因为我们丢掉了古人那种勤学苦读的精神。有勤学苦读的精神，即使没有条件也会千方百计地创造条件读书；没有勤学苦读的精神，条件再好也形同虚设。

学生没有勤学苦读的精神，难道我们做教师的就有勤学苦读的精神了吗？我们不也是或因为忙碌，或因为懒散，也不再像古人那样博览群书了吗？不少教师往往数年如一日，说老话，走老路，终其一生，既没有很好地提升自己，更没能很好地提升学生。这是每一个为人师者都应该避免的。要避免这种情况的发生，最好的办法就是多读书。

读书要读得进去，不囫囵吞枣，不浅尝辄止，不一知半解，不只为消遣，就必须“勤”。左思在自家门窗上、篱笆上都挂有名句，以便随时可以读到；欧阳修骑马时和上厕所时也不忘读书；鲁迅将别人喝咖啡的时间都用来读书和写作。同时，读书还要真正下一番苦功夫，只有“读书破万卷”，才能“下笔如有神”。在求知的道路上轻轻松松取得成功的人自古未闻。所有有志求学的人都应该丢掉幻想，带着“勤”字赶路，伴着“苦”字成长。书中不仅可以找到安置身体的居所，更可以找到安抚灵魂的欢乐谷。

（二）行万里路

古人不仅提倡读万卷书，也提倡行万里路，认为二者相辅相成，才能造就人才。

王充在《论衡·别通》中说："涉浅水者见虾，其颇深者察鱼鳖，其尤甚者观蛟龙。足行迹殊，故所见之物异也。"在浅水里可以看到小虾，在江河里可以看到鱼鳖，在大海里就可以看到蛟龙。随着足迹的变化和阅历的丰富，所见事物也会大不相同。对于写作者而言，只有见多识广，所写的事物才能栩栩如生、真切感人，下笔时也才会思路清晰。孤陋寡闻的人常常依靠道听途说、主观臆想去写作，必然难以下笔，所写的事物也不免谬误百出，与事实相去甚远。

王安石说："世之奇伟、瑰怪、非常之观，常在于险远。"世上那些奇特壮观的景象往往都在险要而高远的地方。若懒于行动，就难以放眼世界，开阔心胸，荡涤性情，自然也就写不出奇美的文字。

明代大画家董其昌认为，绘画的真谛在于气韵生动。而"气韵不可学，此生而知之，自有天授。然亦有学得处。读万卷书，行万里路，胸中脱去尘浊，自然丘壑内营……随手写出，皆为山水传神矣。"一方面，气韵是学不来的，是一种天赋。另一方面，通过读万卷书和行万里路，可以陶冶情操，使心灵中的俗气荡涤一空，充实进大自然的山川美景，在这样的情况下，随手一画，就会是自然传神的山水画。这里虽然说的是绘画，但用在写作上，道理也是一样的。

人们访名山、沐圣水、观奇风、览美景、探古迹、考异俗；朝迎旭日东升，暮送夕阳归去；与鸟儿为伴，随山溪远行。碧水青山，激发起满怀豪情；绿叶红花，孕育出万种情思。诚如刘勰在《文心雕龙·神思》中所说："登山则情满于山，观海则意溢于海，我才之多少，将与风云而并驱矣。"可见，文人走出书斋、走入自然是何等重要。

正是因为认识到了行万里路的意义，古人才不辞辛苦，风餐露宿，去见识广阔的世界，感悟多彩的人生，积累丰富的素材，才能写下锦绣的篇章。

司马迁年少时开始学古文、习经典，跟孔安国学习古文《尚书》，跟董仲舒学习《春秋》。他博览群书，决心继承父志，成为伟大的历史学家。

二十岁时，司马迁开始漫游四方。他到江淮，搜集了淮阴侯韩信的传说；到会稽，了解了越王勾践的故事；南到长沙，听到了屈原的故事；北上齐鲁，熟悉了孔庙的礼仪；到徐州，考察了楚汉相争的战场；经大梁，察看了信陵君的史迹；在登封，凭吊了传说中的许由冢。这一次漫游，为他写《淮阴侯列传》《越王勾践世家》《屈原贾生列传》《孔子世家》《魏公子列传》和《伯夷列传》等提供了巨大的帮助。

三十四岁时，司马迁跟从汉武帝到达西北地区，搜集了黄帝的传说；三十五岁奉命出使巴、蜀、滇，为写《西南夷列传》做了准备；之后又东到海上，北至碣石，巡辽西，历九原，为写《齐太公世家》《蒙恬列传》《武帝本纪》创造了条件。由于亲眼看到桑弘羊平准政策的实施，所以才有《平准书》里那样深刻的论述；由于亲身参加了汉武帝负薪塞河的活动和太初历的制订，才有《河渠书》《天官书》和《历书》的写作。无疑，他的著作都是在长期的实地考察和总结经验的基础上写成的。

“行万里路”同样贯穿于李白的一生。李白早年习诗赋，好剑术，与名人逸士交游。他青年时“仗剑去国，辞亲远游”，从南到北，遍访名山大川和名胜古迹。

天宝三年（744 年），李白离开长安，再次漫游，到洛阳，去汴州，南涉江浙，北游燕赵，往来齐鲁和梁宋等地，长达十年之久。后来，李白因做永王璘的幕僚而遭流放，西至巫山，经江夏、岳阳、浔阳到金陵，此后往来金陵、宣城之间，直至去世。

李白一生写下大量充满奇思妙想的浪漫主义诗篇，给唐诗增添了奇异的光彩，这与他汲取山川天地之灵气是密不可分的。很难想象若是李白一辈子都没有离开家乡，没有见到过祖国的锦绣河山，还能写出那么神奇的诗句。

唐代另一位伟大诗人杜甫，十九岁开始漫游，南游吴越，北游齐赵和梁宋。他三十五岁到长安求职，因奸臣谎称“野无遗贤”，致使杜甫困居长安多年，未能求得任何功名，生活潦倒，只能混迹下层，但这也让杜甫对民间疾苦感受很深，写出了《兵车行》《丽人行》等名作。安史之乱爆发后，他历尽艰辛，四处辗转，战乱中的所见所闻让他感慨万千，写出了《春望》《北征》等作品。他的作品多体现了人民的疾苦和国家的不幸，其创作的作品被称为“诗史”。尽管杜甫“行万里路”多是由于生活所迫，但客观上却使他能够广泛体验社会生活与民生疾苦，而这正是其现实主义创作不可或缺的条件。

明代杰出的医学家李时珍，出生于医生世家，他一生中多次远游考察，拜访有经验的人，先后到过江西的庐山，江苏的茅山、牛首山、紫霞洞，湖北的太和山等地。他白天去深山采药，晚上对每一棵药草从产地、栽培到苗、茎、叶、根、花、果以及形态、气味、功能等进行深入细致的研究。为了验证古书上对白花蛇身上有二十四道花纹的记载，他独自上凤凰山，找到捕蛇人，一起进山洞，捉到白花蛇，证实了古书上的记载。他拜种田的、捕鱼的、打柴的、打猎的、放牧的、做工的为师，广泛探求医药奥秘。

在长达二十多年的岁月里，李时珍的足迹踏遍大半个中国，记下了数百万字的笔记，他经过多次修改，终于在晚年完成了《本草纲目》。无疑，李时珍如果坐在家里是无论如何也写不出这样伟大的医学著作的。如今《本草纲目》已被译成英、日、德、法、俄等多国文字，流传世界各地。

明代伟大的地理学家和旅行家徐霞客，一生淡泊功名，四处游历，足迹遍布大半个中国。江苏、安徽、浙江、山东、河北、河南、山西、陕西、福建、江西、湖北、湖南、广东、广西、贵州、云南等16个省的无数山川都留下了他的足迹。他入蛮烟瘴雨之地，攀危崖峭壁之峰，与长风为伍，同云雾作伴，饥食野果，渴饮山泉，出生入死，以苦为乐，写出了《徐霞客游记》。

读万卷书，行万里路，使古人将天地学问融汇于胸，这才孕育出非凡的才情，创造出不朽的作品。今天，当我们阅读那些经典时，应该掩卷沉思：我们要怎样去传承先贤们的读书精神？怎样去充实自己的精神世界？怎样去培育自己的创造才能？

二、构建阅读教学新机制

（一）转变阅读教学方式

教师如何转变阅读教学的教学方式呢？其实方法很简单。教师如果每堂课都能够保证让学生有半个小时不带任务、不受干扰的自由阅读感悟时间，就可以算转变成功了。近年来，不少教师常说把学习的时间还给学生，可是，如果阅读课都不让学生阅读，算什么把学习的时间还给学生？如果教师脑子里、行动上一切为了分数，丝毫不愿把时间留给学生，全部自己掌控起来，讲课文、讲试题、讲答案，学生根本没有阅读体验和感悟，教师讲得再多，学生记得的也只是几个干巴巴的答案。如果让学生自己去阅读，形成自己的体验和感悟，他们就既能获得精神营养，又能掌握答题技巧。一直以来，阅读教学成效不大，罪魁祸首当数教师考试至上、急功近利、以讲代读和以练代读的做法。因此，阅读教学中应注重解决以下两个关键问题。

第一，教师阅读课教学的重点要放在指导阅读方法上，而不应放在讲解题目和答案上。如果教师放手让学生自己去读，帮助他们读熟、读懂、读透，他们自然能很好地回答试卷上的问题。因为这符合人们的认知规律和阅读教学规律。

第二，教师不要把课堂教学负担再延续到课外时间，要切实给学生留足课外阅读的时间。作业要少而精，使学生能把时间留给阅读。当然，让学生自由阅读并不是说教师对学生的阅读就不管不顾，教师可以给学生提供阅读书目，适当布置思考任务来引导学生阅读。

如能做到以上两点，就能较好地保证把阅读落到实处。

（二）调整阅读教学课程

实践证明，目前单一的语文教学课程设置已经难以适应时代发展的需要，必须做出较大调整才能有所转机。根据教学实际，教师应注重采取适当的调整措施。

第一，保证学生在必修课上的阅读时间。每周保证有一节课教师不讲课，完全让学生自由阅读课文或教材中“名著导读”里指定的名著或其他名著，设法让学生每学期都能完成规定的阅读量。

第二，开设阅读选修课。在教师的指导下大量阅读中外名著，作为对教材内容的延伸和拓展。例如，课堂上学习了鲁迅的《藤野先生》，选修课上就可以进行比较阅读，让学生读魏巍的《我的老师》、贾平凹的《我的老师》、都德的《最后一课》。

第三，开设丰富多彩的阅读活动课。在活动课上可以举办读书方法报告会、中外名著赏读会、中外文学发展简史评介会、学生读书心得交流会和读书征文比赛等，活跃课堂气氛，激发学生的读书热情，引导学生的读书行动，丰富语文课的内涵，升华学生的认识。

（三）加强课外阅读指导

陆游教诲儿子说：“汝果欲学诗，功夫在诗外。”陆游在这里强调的是额外的功夫对于成功的重要意义。课外阅读就是学习上的额外的功夫。

1. 课外阅读的重要性

（1）课外阅读能促进学生对课本内容的理解。

比如，在语文课上，教师用到“滥竽充数”这个成语，限于时间，可能不会详细讲解。对这个成语不太熟悉的学生，可能连这个成语中的字都会写错，更别说深入理解其含义了，自然也就无法恰当地运用。而学生如果在课外读过这个成语故事，就会知道这个成语是用来讽刺生活中那些不懂装懂、浑水摸鱼的人的。

又如，教师在课堂上讲到海洋植物，限于时间，只能讲个大概。课前对海洋植物没有了解的学生与课前读过《神秘的海底世界》的学生相比，对海洋植物的兴趣多寡和理解程度，两者的差别是很大的。由此可见，阅读并不只对提高学生的语文素养有好处。

同在一个教室，同样学习四十五分钟，学生对课文的感悟、理解和掌握，与有没有进行过相关内容的课外阅读有着很大的关系。

(2) 课外阅读能帮助学生丰富知识、开发智力、增长才能。

比如，郭沫若小时候，他的父母就给他请来一位先生，教他阅读《三字经》《诗品》《唐诗》《诗经》《春秋》《古文观止》等经典，教他背诵许多诗词作品。在日本留学的哥哥也从日本给他寄来《新小说》《启蒙画报》等书报，他爱不释手。后来他在日本学医期间，课外又阅读了歌德、莎士比亚等西方文豪的作品。正是依靠课外阅读，他成为集诗人、剧作家、史学家于一身的文化巨匠。

又如，美国第十六任总统林肯，从小酷爱读书，他通过各种途径，利用各种形式阅读了《鲁滨孙漂流记》《伊索寓言》《圣经》《天路历程》等名著，积累了丰富的知识，树立了远大的志向，这一切为他成为伟大的政治家打下了牢固的基础。

(3) 课外阅读能引导学生树立远大的志向和抱负。

比如，《钢铁是怎样炼成的》的作者奥斯特洛夫斯基，正是因为阅读了意大利民族英雄加里波第等人的传记，才逐渐觉悟、成长起来。

又如，毛泽东上小学的时候，阅读了《岳飞传》《水浒传》《三国演义》《西游记》《盛世危言》《世界英豪传》之后，树立了要拯救灾难深重的中华民族的雄心大志。

2. 如何指导学生进行课外阅读

(1) 激发学生课外阅读的浓厚兴趣。

这是一个必要的前提。因为只有首先使学生喜欢，才谈得上下一步的行动。培养兴趣可以从学生某方面的爱好入手，如学生喜欢动物，就买配有图画的动物故事书；喜欢天文地理，就买天文地理方面的书；喜欢听科幻故事，就买《神秘岛》《格兰特船长的儿女》《海底两万里》《地心游记》等书。等学生某一个方面的阅读兴趣培养起来了，再逐步扩大他们的阅读面。我们不仅要促使他们全面发展，还要特别注意保护和发展学生的阅读兴趣，只要是学生感兴趣而又对他们有益的书，我们都应该支持他们去广泛阅读。

(2) 指导学生正确选择有益的课外读物。

如今的出版物质量良莠不齐，有些是不太健康的，不适合孩子阅读，家长和教师应帮助他们仔细分辨，认真挑选。俄国文学家屠格涅夫说："不要阅读信手拈来的书，而要严格加以挑选。"别林斯基也说："阅读一本不适合自己的书比不阅读还要坏。我们必须学会这样一种本领，选择最有价值、最适合自己需要的读物。"我们应为学生选择健康的、有用的、好懂的读物。那么，我们该如何挑选呢？

第一，根据学习需要挑选优质而实用的学习参考书。如可以选择中学生百科知识读物、中外文学名著、中学生作文选以及与教材配套的学习参考书等。

第二，根据兴趣爱好挑选健康有趣的课外读物。教师和家长可以根据孩子的兴趣挑选关于大海、天空、山脉、动物、植物、历史、军事、科技等方面的有趣读物，开阔孩子的视野，丰富其文化知识，使孩子变得更加聪明。

第三，根据成长需要挑选文学作品、名人传记等课外读物。优秀的儿童文学作品，如童话、寓言、小说，特别是名人青少年时期的故事，贴近孩子的年龄和心理实际，能够激发孩子的共鸣，有助于培养其良好的思想品德、高尚的情怀和远大的志向。

(3) 教会学生正确的阅读方法。

第一，善于制订读书计划。

时间是有限的，因此，我们要学会安排好自己的时间。通常而言，我们可以制订以下读书计划。

长期读书计划：包括童年的、少年的、青年的、中年的、老年的读书计划。

中期读书计划：以一年为单位安排读书活动，选定一批合适的书籍去阅读。

短期读书计划：以一天为单位安排读书活动，规定每天的阅读量，强迫自己读完。

不少人都有较为完美的读书计划，却苦于无法实行。如何解决这个问题呢？这就要“从时间中找时间”。古人说，冬天是一年的空余，晚上是一天的空余，阴雨天是晴天的空余，要学会利用零星时间读书。鲁迅说：“哪里有什么天才，我是把别人喝咖啡的时间都用在工作上。”可见，要完成读书计划，还得靠一个“勤”字，此外并无良方。

第二，善于运用点面法。

季米里亚捷夫说：“一切学科你都要知道一些，但是有些学科你要知道其中的一切。”这句话道出了博与专的关系。一方面，我们应该博览群书，开阔视野，博采众长，自成一家。另一方面，只重博不重专，又会流于空泛肤浅，什么都知道一点，又什么都不精通，终究难以成才。曹雪芹在具备了医学、建筑、地理、音乐、诗词、风俗、服饰、烹调、心理学、园林艺术等方面知识的基础上，又具有小说创作的专长，最终才创作出《红楼梦》。

那么，如何处理博与专的关系呢？

一是在博的基础上专。在学习各学科的知识时，我们是否也可以这样做呢？想要了解唐诗，可以去熟读《唐诗三百首》；想要了解历史，可以去读《上下五千年》；想要了解科学知识，可以去读《十万个为什么》……这样的阅读肯定是高效的。

二是注重略读与精读。培根说：“有些书可供一尝，有些书可以吞下，有不多的几部书则应当咀嚼消化。”茅盾的读书经验是，重要的书至少读三遍：首先，粗读一遍，领略其大意；其次，精读书中内容，深入体会要旨，领会技巧；最后，将书中最精彩的部分温习一遍，以便牢记。

诸葛亮正是因为既熟悉政治、经济、天文、地理，又精通军事、科技，才能造出木牛流马、诸葛连弩，并屡次想出奇计，建立功勋。而其友徐庶、石广元、孟公威因学识不够广博，终不能与诸葛亮相比。

第三，善于运用循序渐进法。

古人说：“欲速则不达。”古代《百喻经》上记载，有一个吝啬的富翁找人给他盖楼，为了省钱，他让工人只盖上面三层，不盖最下面一层。这种违反循序渐进规律的要求，是无人能够达到的。因此，我们在阅读时必须妥善处理好以下关系。

一是基础与提高的关系。南宋秀才陈正之原来读书如“过眼烟云”，读后就忘，人称“陈傻子”。后来，朱熹教他每次只读50个字，一连读两三百遍，看看记不记得住。他一直坚持这样读书，最终成了一位有成就的学者。

二是积累与循序渐进的关系。荀子说：“不积跬步，无以至千里。不积小流，无以成江海。”万丈高楼平地起，聚沙成塔，说的都是积少成多、做事应循序渐进的道理。

第四，善于运用质疑法。

法国哲学家阿伯拉尔说：“在学问上最好的解决问题的方法就是坚持的和经常的怀疑。”宋代陆九渊说：“为学患无疑，疑则有进。”明代陈献章也说：“前辈谓学贵有疑，小疑则小进，大疑则大进。疑者，觉悟之机也。一番觉悟，一番长进。”因此，读书应遵循“无疑—生疑—释疑—长进”的规律，做到以下几点：独立思考，提出自己的观点；旁征博引，质疑书中的观点；集思广益，与别人讨论和交流；通过实验，验证自己的观点。这才是正确的读书方法。既不可尽信书，因为“尽信书则不如无书”；也不可不信书，因为不信书必定会陷入虚无。我们要用追求真知的精神去质疑和释疑，从而提高自己。

第五，善于运用个性法。

根据自己的个性去读书，也是一种有效的方法。人的个性按照不同的标准可分为不同的类型。比如，按照对待新事物的态度，人的个性可以分为探索型、经验型、混合型三种。具有探索型个性的人通常比较自信，敢于挑战，创造力强，长于思考和探究。但这类个性的人应注意避免自以为是。具有经验型个性的人通常善于思考和推理，善于利用经验进行分析，做事稳妥。但这类个性的人应注意克服畏惧心理，发挥创造性。混合型个性是介于探索型个性与经验型个性之间的一种个性。

如果按照生理特征来分，人的个性可以分为三种类型。一是“猫头鹰型”。这种类型的人一到夜晚脑细胞就特别活跃，精神专注，思路敏捷，文思泉涌，效率极高。如毛泽东常常在快天亮时才入睡；福楼拜也常常彻夜不眠，他窗口的灯光成为塞纳河上船夫们的“灯塔”。二是“百灵鸟型”。这种类型的人在清晨时脑细胞格外活跃，因而清晨读书最有效率。三是混合型。这种类型的人只要休息好了，什么时候读书都会有高效率。

第六，善于运用朗读法。

对于诗歌、童话、故事等，教师可以要求学生大声朗读，这样既可以培养学生的学习兴趣，又可以陶冶学生的情操，还可以发展学生的语言表达能力。遇到好的文章应该要求学生背下来，作为写作素材储存在自己的记忆库里。

第七，善于运用求教法。

教师应引导学生把读不懂的地方做好标记，找时间向家长、教师和同学请教，或通过上网等途径来解决。

第八，善于运用笔记法。

古人倡导“不动笔墨不读书”的读书方法。学生在阅读时随时做好标记，摘抄好的段落、句子，写下自己的心得体会，有助于他们读得深入和记得深刻。

除了上述读书方法之外，教师还可以指导学生运用档案法、批注法、联想法、对比法、会友法等读书方法。

笛卡儿说：“最有用的知识是关于方法的知识。”所以，我们既要“勤读”，也要“会读”，这样才能有成效。

对于正在成长的青少年来说，读书时一定要谨记以下忠告：

① 掌握方法，提高效率，省出时间博览群书，功夫在课外，竞争在课外，决胜在课外。

② 讲究方法，系统阅读，先总后分，先博后专。

③ 既要博览也要深钻，既要苦读也要乐读。

④ 读书时，可读可不读的书不读，非读不可的书先读。

⑤ 学会读懂社会这本“无字之书”。

⑥ 要多与书友交流。

⑦ 要批判地、辩证地读书。

⑧ 不可读坏书。萧伯纳说：“当心谬误的知识，它比无知更危险。”菲尔丁也说：“不好的书也像不好的朋友一样，可能会把你戕害。”

第六章 写作教学的批判与重建

由于受到应试教育思想的影响，不少语文教师对学生写作过程和方法的指导很不到位，加上写作教学散漫无序、学生自己疏于训练等原因，导致当前的写作教学现状不容乐观。为了改变这种现状，我们应坚持正确的写作教学指导思想，尊重写作规律，重建写作教学训练体系，以此来激发学生的写作兴趣，强化学生的写作能力，突破写作教学的困境。

第一节

写作教学的批判

一、写作教学现状述评

一般而言，一篇文章要体现出独特的美，才能称之为好文章。

其一，内涵之美。文以意为灵魂，所以文章的立意和内涵应成为首要的评价对象。一篇文章如果缺乏内涵，仅有语言的外壳，那就没有多大意义了。这里的内涵之美主要包括：思想美，即有个人的思考、独特的体验、个性化的认识或见解；文化美，即对人类历史、社会、自然的感悟、体验和思考；知识美，即文章中表现出对知识的热爱、追求和赞美，能让读者对知识产生向往、赞叹之情等。

其二，情意之美。文章唯有洋溢真情才能动人。“一切景语皆情语”，在作文中表现出真挚、纯洁、细腻的感情且能真正使人感动的，无论文章的语言是否华丽优美，均应视为好文章。感情纯真之文，语言往往多朴实无华。

其三，韵味之美。一个人的文章能写出韵味，无论是大气、秀气、灵动、豪迈、缠绵、柔美……均已达到较高的境界，这是真正有功底的体现。

其四，语言之美。语言具有活泼、风趣、优美、凝练、简洁、诗意等风格，用词恰到好处，令人爱读，也是好文章。

其五，表达之美，即表达方式新颖，力避平庸，富有新意。

一篇作文哪怕只做到了其中的几点，也是令人欣慰的。可是，在当前的语文教学中，写作教学的现状却不容乐观。

1. 学生方面的原因

在多年的教学中，我发现学生在写作方面主要存在以下问题。

（1）缺乏观察：不爱观察，熟视无睹，印象淡漠，素材贫乏。

（2）缺乏阅读：读书太少，见识短浅，没有才华，不懂表达。

（3）缺乏体验：迟钝麻木，感受肤浅，虚假做作，难以感人。

（4）缺乏中心：思路混乱，没有中心，主题不明，不知所云。

（5）缺乏材料：腹中无才，笔下无能，东拉西扯，空话连篇。

（6）缺乏真情：无病呻吟，矫揉造作，故弄玄虚，弄巧成拙。

（7）缺乏文采：词汇贫乏，语言无味，缺乏情趣，味同嚼蜡。

（8）缺乏想象：文思僵化，文意枯涩，内容单调，缺乏神韵。

（9）缺乏创造：才力不济，难以创造，东拼西凑，难以成文。

（10）缺乏训练：懒于训练，笔下生涩，勉强成篇，差强人意。

由于写作教学的综合性、复杂性、长期性和艰巨性，常常令人望而却步，使学语文的芸芸众生中少有人能够登上那风光无限的险峰，采到山崖间绽放的鲜花。

2. 教学方面的原因

（1）犹如要解答一道数学题需要掌握必要的公式和定理一样，写好一篇作文也需要具备诸如审题、立意、选材、结构、表达等方面的能力，以及思想、情感等素养。假如学生没有具备这些能力和素养，想写好作文是不可能的。这是由作文本身的性质、特点和规律决定的。

（2）由于作文难写，很难引起学生的习作兴趣，学习起来见效也慢，这就很容易使学生产生畏惧心理、厌倦情绪和消极态度。如果这种情况不能及时得到改变，就会形成恶性循环，学生就会采取拖、凑、抄等手段，消极应付写作。

（3）实事求是地说，学生写不好作文，语文教师负有不可推卸的责任。无论是在小学、中学还是大学，教师很少对学生在习作过程中如何观察、选材、审题、立意、列纲、结构、表达和修改等方面进行全面、系统而具体的指导，往往仅限于布置题目、批阅和讲评。所以，学生写作时基本上是自己在黑暗中摸索。教师不是不想发挥自己的作用，实在是心有余而力不足。由于忙于教学，很多语文教师动笔较少，也没有时间提升自身的写作理论素养。久而久之，自己也就成了门外汉，这样又怎能教好学生呢?

(4) 教材建设方面也存在不少问题。当前，初中和高中阶段没有专门的写作教材，与写作相关的要求和知识，多散见于语文课本中，完全没有体系可言。中等师范学校的情况稍微好一些，不少教师在教学时通常会引导学生将阅读和写作结合起来，还编选了诸如《文选与写作》之类的教材。但是，这类教材在编排上多是配合文选讲一些写作知识，写作教学的内容同样没有独立的体系。高等师范学校有独立的写作课，所用的教材通常是《大学写作》。但在实际教学中，抽象说教太多，贴近学生写作实际的训练和指导太少，对学生的写作素养和写作能力进行全面培养的认识也很不到位。写作教材建设上存在的这些问题，严重制约了学生写作能力的发展。

(5) 中高考考哪种类型的作文，教师就只教相应类型的作文，学生也就只练这种作文。至于日常应用文，教师在课堂上基本提都不提。师生为了走捷径，多不按作文教学规律行事，不是扎扎实实提高作文素养和表达能力，而是醉心于模仿高分作文。这种做法就像企图省掉播种、耕耘的过程，直接去摘桃子。其后果就是学生在中考和高考中制造出大批内容空洞、矫揉造作、不知所云的文字垃圾。这种现状让人感到震惊和悲哀!

二、写作教学问题剖析

（一）应试教育的弊端

以应试教育为主的教育模式严重挤压了写作教学的生存空间，导致提高学生的写作能力成为空谈。

多年来，我们一直倡导素质教育，可是实事求是地说，主导我国基础教育的依然是应试教育。应试教育的核心是追求满足升学考试所要求的短期效应。在这种情况下，所有需要付出长期努力的教育实践都不可能得到充分的重视。面对频繁的考试，用一节课复习古诗、公式或习题，可能会有立竿见影的考试效果，而用一节课训练作文，可能收效甚微。所以，面临考试，权衡利弊，师生都会毫不犹豫地放弃作文训练。做练习，考高分，这是迫切的现实需要。练作文，提素质，这是不那么迫切的理想主义的需要。师生都有这样的认识，作文训练也就难见成效了。

（二）作文教学散漫无序

由于缺教材、提高难、见效慢、没时间等原因，作文教学一直处于散漫无序的状态，教学效果长期不尽如人意。

由于现行语文课本没有具体系统的作文教学内容，作文教学缺乏有效的教材；由于作文评改的主观随意性太强，一些好作文有时也不一定能得到好分数；由于作文从指导到写作再到提高，都是会让人饱尝挫败滋味的难事，学生往往很难以积极的情绪去应对……鉴于这些原因，我国中小学作文教学长期处于消极、随意、无序、低效的状态。

（三）疏于训练

由于种种原因，每学期从教师到学生用于作文训练的时间都少得可怜。因为疏于训练，最终造成写作教学低效的局面。

关于作文教学和作文训练，照目前的情况来看，本来教师应该做的作文前的构思指导、作文中的修改指导和作文后的提高指导，大多没有做或没做好，语文教师的主要精力还是用在讲课文和应付考试上。就学生的作文训练来说，即使不折不扣地完成教材规定的每学期八篇大作文，也才只有四五千字的训练量，不仅数量少，达不到训练的效果，而且质量也不高。有些学生虽然写够了规定的字数，可是文章中空话连篇、主题不明、结构混乱、语言枯燥的情况大量存在。这种情况一直会延续到中考，就中考作文情况来看，真正好的文章很少，大多数文章都是平庸之作。

（四）教师在教学中存在偏差

1. 重讲授轻训练

在作文教学过程中，许多教师总习惯于把主要精力用在讲解课文、分析文章特色、介绍文章写法上，以为只要讲得多了，久而久之，学生自然会写好作文。实践证明这种想法是错误的。在这种教学思想的指导下，学生学了许多年作文常识，文章读了不少，笔记记了不少，说起作文的道理来头头是道，谈起作文的常识来滔滔不绝，可真正拿起笔时心中和纸上却都空空如也！究其根源，就是缺乏训练所致。不少教师教学时没有把作文教学看作一个知行合一、系统完整的过程，常常停留在"坐而论道"的层面，对于决定写作成败的实际训练没有给予应有的重视。这就好比教人游泳，如果不在水中教，只管在岸上大讲特讲游泳的理论知识，就是讲几十年，学生也学不会游泳。毛泽东说，要在战争中学会战争。陶行知先生也再三强调教师要在做中教，学生要在做中学，脱离实际的空洞说教是难以见效的。与西方发达国家的学生相比，我们国家的学生动手能力普遍较差，这在很大程度上归咎于我们的教学指导思想和教学实践的偏差。

2. 重课内轻课外

导致作文教学进步缓慢的又一原因是教师仅仅满足于课堂上的高谈阔论，学生也被限制在教室里闭门造车，这样怎能写出好文章？一些学生写人物则面目模糊，写景物则色彩暗淡，议论时牵强附会，抒情上矫揉造作。为什么会这样呢？主要是脱离生活，缺乏细致观察和深刻体验所致。因而，带学生到大自然中去，让学生体验生活，对于写作是极为必要的。同时，教师必须充分调动学生的写作积极性，尽力激发学生的写作兴趣，鼓励、引导他们在课外坚持写日记、周记、随笔、通讯等。这些训练是学生在没有任何束缚和干扰的情况下进行的，比正式的作文训练显得更自然、更真切，因而往往会收到良好的效果。那些在写作方面出类拔萃的学生大都得益于课外大量的训练。

3. 重模仿轻独创

作文教学中重模仿轻独创的做法由来已久，主要表现在以下几个方面。

第一，教师布置作文练习时，习惯于要求学生模仿刚刚学过的课文写一篇类似的文章，学生多按照书上的模式去写，长此以往，导致不少学生离开范文就不会写作文。初中一年级时要求学生模仿范文写写还可以，到了二年级、三年级时依然如此，就不该容忍了。

第二，一些教师习惯于让学生写命题作文，从内容到形式都有具体要求，否则对作文的评价就很低。

当学生被这些框框束缚时，他们的想象力、创造力又从何而来呢？独特的个性风格又如何能够表现出来呢？表面看这是教师对学生的严格要求，实际上却是对学生创造力的扼杀。那些毫无生气的、拙劣的仿制品就是最充分的证明。

我并非完全否定命题作文和模仿的意义，而是说教师要弄清模仿和独创的关系，引导学生在模仿的基础上有所创新。至于命题作文，自然是不便完全取消的，但我们也应清楚地看到它在培养学生进行创造性写作上的局限性。从最大限度地发挥学生的写作积极性，充分发挥和挖掘学生写作的潜力方面来说，应该还学生以自由作者的权利，鼓励他们写自己熟悉的、经历过、体验过、愿意写和可以写得好的题材，唯有如此，学生作文水平的快速提高才是一件可望又可及的事情。

总的看来，当前的作文教学对以观察、立意、选材、结构、表达和修改为内容的写作基本能力的系统训练很不到位，对具体的写作技能训练相当忽视；学生写作兴趣淡薄，写作水平普遍偏低，教师自己的写作理论修养和能力状况也不容乐观。

作文教学过程中产生上述问题的根本原因在于教师教学观念的落后，这直接导致教与学不能适应，因而知识也就无法转化为能力。因此，要使作文教学有较大突破，必须先从更新教学观念、提高教师素质和改革教学方法等方面入手。

第二节

写作教学的重建

一、重建写作教学指导思想

（一）写作规律指明正道

要从根本上解决写作难的问题，必须严格遵循写作的基本规律，紧紧抓住学生关于写作的主要困惑，提出问题，分析问题，解决问题，使学生既获得思想上的启迪，又获得方法上的指导，还获得综合能力的提高，从而能够切实解决写作难题，实现质的飞跃。

现在有一些教师企图省略写作训练过程，忽视对学生写作综合能力的培养，仅仅通过让学生背下几篇所谓中考、高考范文就去考场上“撞大运”，这是违背写作教学规律的做法。实际上，老老实实、循序渐进地进行训练，才是正途。

实践证明，写作的成功从根本上说是由作者写作的综合能力决定的。因此，学习写作一定要有整体观念，努力从整体上增强写作能力，而不是只关心某些“雕虫小技”。这就要求习作者循序渐进地学习和训练，掌握各种写作知识和技能，形成写作的综合能力。这一过程犹如大自然的季节变化，当冬天渐行渐远，气温逐渐升高，春风温暖和煦，春雨温润绵密，土壤变得松软时，在阳光、春风、春雨和肥料的共同作用下，各种花木的枝条越发挺拔，花苞日渐鼓胀，终于，那娇艳俏丽的花朵，含羞带嗔，悄然绽放，向人们展现了一个美不胜收的春天！写作素养和综合能力的培养也是这样，当阳光、春风、春雨和养料给了学生足够的滋养时，学生写作的春天也一定会悄然降临。只要学生尽情汲取大自然的阳光雨露，汲取写作的知识琼浆，培养写作的综合能力，就一定能够笔下生花！

习作者如果能结合自己的习作经验和研究心得，进行科学有序、切实有效的训练，并循序渐进地丰富自己的理论修养，必定能提高写作素养和能力。也只有这样，习作者才能具备足以应对生活、工作、学习和考试中的各种写作考验的真本领。如果写作有奥秘、有捷径，那么，这奥秘和捷径不是别的，就是老老实实、勤勤恳恳、脚踏实地沿着符合写作规律的道路前进，就是坚持不懈地观察生活、博览群书、陶冶情操、笔耕不辍。这就是写作的捷径！从历史上看，似乎只有少数老老实实的人才愿意走这样一条艰苦的路，而终究也只有这样的老实人才获得了成功。现在很多人对于走这样一条路不屑一顾，一心想的只是背几篇范文，去考场上“撞大运”。实际上，在漫长的一生中，写作就像一把打开生活、学习、工作和心灵之门的金钥匙，而不只是一块投机取巧的敲门砖。

有人说，写作是一种佛学的修为。古人又说，淡泊以明志，宁静以致远。这些话对今天的许多人来说具有特别重要的启示意义。当今社会中，许多人心态浮躁、急功近利，不愿播种，只盼收获，倘若用这种心态来对待写作，怎么能写出好文章？因此，所有真心热爱写作的人都应该以佛家的出世之心来感悟和寻觅为文之道，只有这样，才能找到修成正果的道路。

（二）综合素质奠定根基

要写好文章，需要作者具备较强的写作综合能力。

就表达对象而言，从大自然到人类社会，再到心灵世界，内容极其丰富，要表现如此丰富的内容，作者自然要具备尽可能丰富的知识、情感和思想等。

就语言和思维而言，语言包括字、词、句、段、篇、文采、修辞等，而思维有形象思维、逻辑思维、灵感思维、辩证思维等。诗歌作品还要讲究格律、平仄等。作者只有具备了关于语言和思维的综合素养，才能较好地进行思维和表达。

照古人所说，一个作者的综合素质包含德、才、胆、学、识、力、器等方面。德，即道德修养、伦理观念。才，即才能、才华。清代叶燮《原诗》中说："无才则心思不出。"胆，即胆量、胆魄。叶燮说："昔贤有言，成事在胆。文章千古事，苟无胆，何以能千古乎？故吾曰：无胆则笔墨畏缩。"如李白、苏轼、毛泽东等人的诗文都大气磅礴，汪洋恣肆，皆因有胆识、有魄力。学，即学问、阅历。明代袁宗道在《论文》中说："有一派学问，则酿出一种意见；有一种意见，则创出一种言语。"识，即独到的见解。有学、有识才有创造力。力，即毅力。力是才之支柱，才大者力必大。《论语·曾子》中说："士不可以不弘毅，任重而道远。"没有超人的毅力、耐力、创造力，司马迁怎能写出《史记》，曹雪芹怎能创作出《红楼梦》？器，即胸襟、气度。一个作者只有具备了德、才、胆、学、识、力、器等宝贵素质，才能担负得起写作的重担。一个想在写作上有所成就的人，就必须多方学习，广收博取，下功夫培养自己写作的综合素养，而不是仅仅满足于一知半解。

由此可见，学生写作水平低只是表面现象，根本原因还是综合素质差。因此，想要帮助学生提高写作水平，必先从培养学生的综合素质做起。这里说的是综合素质，而不只是某一方面的素质。如果教师仅仅单纯地训练学生某些写作技巧，却不帮助学生提高综合素质，写作教学仍然是低效的。

另外，我们还应该将与写作有关的一切学科与写作联系起来，让所有与写作有关的学科的教师也肩负起帮助学生提高写作素养的责任，因为良好的写作素养和表达能力对于其他学科的学习同样是不可或缺的。

全面提高学生的写作综合素养，充分发挥写作教学的整体功能，是写作教学成功的关键，我们应充分重视这一点。

（三）激发兴趣促进创新

1. 借助名篇佳作，培养练笔兴趣

把阅读课上得生动有趣，使其对学生有吸引力，是激发学生写作兴趣的基础。为此，教师在教学中要注意改革教法。

（1）打破传统模式，教学力求创新。

传统教学模式中，教师讲，学生听，上课时总是划分段落、归纳主旨、总结特点，学生听够了，也听腻了。我试着采用“群言堂”方式——百家争鸣，集思广益，百川归海——具体来说就是教师提出课文中的重要问题，组织学生讨论，可以是以同桌为单位的小讨论，也可以是以班级为单位的大讨论。讨论前，教师要给学生介绍有关背景、作者情况和讨论要求，指出讨论的重点和难点，在学生的各种意见充分发表后再归纳阐述。这种讨论可以使学生开动脑筋，彼此辩难，他们会觉得自己不再是机械接收知识的容器，而是学习的主人。实践表明，越是引起争论的讨论，学习效果越好，也越能培养学生学习的兴趣。当然，这种讨论要用得适度，要不断创新，不能滥用。

（2）立足课本内容，适当拓宽视野。

学生有强烈的求知欲，渴望接受新知识。教师如果能满足他们这方面的要求，将会激发他们对写作的兴趣。为此，教师在教学时既要立足课本，又不能局限于课本，应当适当扩展学生的探索视野，开拓他们的思维领域。分析作品时，我总是努力适时适当地补充一些与作家、作品有关的知识，因为这有助于学生积累素材，提高写作能力。比如，在分析《我的叔叔于勒》中的人物性格时，为了说明作品中的人物性格必须符合人物自身性格发展的逻辑，不能由作家凭空编造，我讲了列夫·托尔斯泰的一则趣事。《安娜·卡列尼娜》发表后，有人责备列夫·托尔斯泰太残酷了，不该让女主人公死得那么惨。对此，列夫·托尔斯泰回答说："这使我想起普金希曾感叹说，他的诗体长篇小说《叶普盖尼·奥涅金》中的女主人公达吉雅娜，竟出乎他的意料结了婚，这个不听话的女子同他开了个不小的玩笑。"列夫·托尔斯泰说，他笔下的人物同样是按照他们自己的意愿行事。这样教学既丰富了学生的知识，又增强了学生学习写作的兴趣。

在分析作品时，密切联系现实生活中的人和事也是十分重要的，它会使学生加深对作品的理解，学会观察生活，把握主题。

(3) 树立学习榜样，激发写作热情。

名篇佳作，令人赞赏；诗人作家，使人钦佩。凡是喜欢文学的人，有几人没有做过作家梦？抓住这种心理特点，诱导学生勤奋写作，树立远大的目标，无疑会对学生写作产生积极的影响。所以，每介绍一个作家、诗人，我总注意强调他们的持久奋斗经历及其中的艰难困苦。我也常将作家的经历与学生的经历联系起来，目的是启示他们：别人能成功，自己为什么就不能成功呢？以此激发学生的写作热情。学习热情是学好写作的最起码的前提，同时又是最重要的前提。

2. 通过批阅讲评，增强写作信心

由于教学任务过重，教师往往难以抽出充足的时间批改学生的作文，大多改一半或三分之一学生的作文，或是让学生互相批改。这些办法我都试过，我发现，让学生互改，虽然可以锻炼学生的评判能力和鉴赏能力，但不宜多搞，因为学生的批改没有权威性，会影响他们写作的情绪。若只改一半或三分之一学生的作文，则会挫伤未改到的那部分学生的写作积极性。所以，近两年来我是坚持全改的。批改时我本着多鼓励的原则，不大删大改原作，只在不妥之处做个标记，让学生自己去改。改后我再写评语，写我读过文章后感受最深刻的地方或最突出的印象，以及文章的优点和缺点。评语有短有长，力求幽默风趣，用谈心方式和商量的语气写，尽量避免陈词滥调。这样能给学生以亲切感，使学生觉得教师尊重自己的劳动。同时，评分也不应太低，不能总给大多数学生七十来分。我认为，只要文章符合要求，分数高一点也无妨，我给学生作文的分数往往就偏高。

作文改完后，教学双方都要重视讲评。每次作文改完后，我都会对全班学生的作文进行分类和分析，比如，将开头新奇巧妙的归为一类，结尾出人意料的归为一类，语言清新生动的归为一类，心理刻画细腻传神的归为一类，分别在课堂上评析，边读边讲，指出好在何处，如何提高，有时也会让学生进行评论。讲评时尽可能顾及全班学生，有的文章即使只有一句话写得精彩，也会夸上几句。对学生作文中存在的问题，也会联系中外文学史上类似的事例加以对比、引导，注意上升到理论高度，力避一般性的评述。

3. 指导多读多练，提高创作水平

广泛阅读古今中外文学名著对于提高学生的写作水平至关重要。教师对学生阅读要加以指导。一种方法是向学生系统介绍文学史上著名的作品，或某一著名作家的代表作，提供一份较为切实可行的阅读目录，让学生有选择性地去读。另一种方法是让学生说说自己爱看哪一类作品，然后为学生提供指导。为了促进学生阅读，应经常举行读书报告会、读书知识竞赛等活动。

读和写要有机结合起来才有成效。要真正提高学生的作文水平，仅靠写几次作文是远远不够的，必须通过其他写作训练，鼓励学生勤于实践。教师应充分利用小作文、周记、日记、通讯稿、黑板报、墙报、作文竞赛、口头作文等形式帮助学生提高写作能力。编印学生优秀作文选也是个有效的方法。此外，大胆放手让学生自己命题写作文，写他们熟悉的或感受深的内容，经常指导学生朗读文学作品，也是培养学生写作兴趣的好方法。

综上所述，写好文章固然涉及经历、教养、学识、审美情趣、表现技巧诸因素，但最重要的前提是激发兴趣。而抓住课堂教学、批改讲评、课后指导几个环节，可以有效地激发学生的写作兴趣，提高学生的写作水平。

（四）建构主义启示奥秘

建构主义学习理论认为，学生的知识不是通过教师传授得到的，而是他们在一定的情境中依靠教师和学习伙伴的帮助，利用必要的学习资料，通过意义建构的方式获得的。这种认识完全符合辩证唯物主义哲学中“内因是变化的根据，外因是变化的条件”的观点。无数教育实践有力地证明了，学习是学生主动探求知识、建构自己知识体系的过程。学习者在这个过程中应该像辛勤的蜜蜂和饥渴的乌鸦那样积极和主动，而不能像寒号鸟和寄居蟹那样懒惰和被动。而获得知识的多少主要取决于学习者根据自身经验去建构有关知识的意愿和能力。建构主义提倡在教师指导下的、以学生为主体的学习活动。教师是意义建构的引导者、帮助者、促进者，学生是信息加工的主体，是意义的主动建构者。学生能不能达到学习的最终目的即完成意义建构，主要取决于学生自己。

我的教学实践较好地验证了上述理论。为了逐步提高学生的写作水平，我曾要求学生每天坚持写观察日记。一个学期结束后，我对学生写观察日记的情况进行过一次专门的调查，参加问卷调查的学生有 36 人，学生一学期共写观察日记 1862 篇，其中有 7 人每人写了 80 多篇，7 人每人写了 70 多篇，3 人每人写了 60 多篇，3 人每人写了 50 多篇，4 人每人写了 40 多篇，4 人每人写了 30 多篇，2 人每人写了 20 多篇，3 人每人写了 10 多篇，1 人写了 1 篇，2 人没有写，平均每人写了 51.7 篇；学生写观察日记的总字数为 703854 字，平均每人写了 19551 字。

参加问卷调查的 36 个学生，实际情况参差不齐，多的写了 40000 多字，少的只写了几百个字，有些学生一个字也没写。所有参加问卷调查的学生中无一人做到每天坚持写观察日记，因为如果一学期按 4 个月算，每人应该写不少于 120 篇观察日记，但实际情况是写得最多的学生也只写了82篇，这还是在教师不断督促的情况下才做到的。如果教师不要求、不督促，可能根本没一个人会坚持写。即使在严格督促下，仍然有半数学生处于应付或半应付状态，有几个学生甚至连应付都懒得应付。这说明不少学生并没有端正学习态度、养成每天一记的好习惯。在这些学生中，学习态度、学习习惯好的就写得多、写得好，学习态度、学习习惯差的也就写得少、写得差。由此说明，在学生实现意义建构的学习过程中，教师可以起到引导、督促、帮助的作用，特别是对于学习目的还不够明确、自制能力还有待培养的学生来说，这种引导、督促和帮助，作用还是很大的。但要完成意义建构并达到学习目标，靠的还是学生自己的努力。正如建构主义所主张的，学生是学习的主人。这样对比悬殊的结果，是由学生对学习的兴趣、态度和毅力决定的。

我们班有位学生参加2008年7月于广州举办的全国第三届创新作文大赛，她的以《你生长在哪里》为题的作文夺得初中组唯一的特等奖。对于她的获奖，我既感到意外，又觉得是意料之中的事。感到意外，是因为参赛者毕竟有上百万人之多；意料之中，是想到她曾经一周写过17000多字的观察日记，两个学年写出了几十万字的观察日记，被同学们戏称为写作狂人。

几年来，如何让一个人的成功变成许多人的成功，如何充分挖掘学生的写作潜能，成为我一直思考和探究的问题。将这名学生作为一个个案加以研究，确实有不少珍贵的经验可供借鉴。

她的成长自然离不开内因和外因的作用。从外因看，在初一下学期期末考试中，我负责批改作文，给她的作文打了满分。这篇全年级唯一的满分作文，让她一时成为全校的红人，使她大受鼓舞。初二第一学期分班，她被分到我们班，我对她的作文给予了特别的关注，每次批改她的作文都会精心写下大量评语，讲评作文时总是拿她的作文在班里宣读，并张贴出来供大家模仿借鉴，经常让她发言介绍写作经验，还让她担任语文科代表。同时训练和推荐她连续参加区级、市级、国家级的一系列作文竞赛，她先后获得深圳市福田区现场作文竞赛一等奖 2 次，深圳市现场作文竞赛二等奖 1 次，全国“文心雕龙杯”作文竞赛一等奖 2 次、二等奖 2 次和全国创新作文大赛特等奖 1 次。可见，在学生成长的过程中，教师作为外因所起的引导、帮助和推动作用是不可低估的。

再说内因。外因是变化的条件，内因是变化的根据。她的成功与以下因素是密不可分的。独特经历：受重男轻女思想的影响，她曾经有过出生后受冷遇和被寄养的经历，她在生命的最初时光并没有与父母生活在一起，还有后来的许多独特的经历和体验，都成了她此后习作中极为宝贵的素材。敏感之心：她天生敏感、充满幻想、浪漫多情、孤独感伤、自傲自卑，拥有独特的性格和心理特质，这使她善于观察生活、感悟人生，能够找到丰富的写作资源。超级书迷：她酷爱阅读，痴迷老庄、屈原、贾平凹、托尔斯泰、莎士比亚等人的作品，并做了大量的摘录和点评。写作狂人：她曾经在一周之内写下 17000 多字的观察日记，两年间写了 30 多万字的观察日记和习作。她将那些个性率直、文采飞扬的文字发到自己的博客上，引来大批粉丝追捧。她对写作的狂热超乎寻常，就在初三准备中考的时候，她还想把自己的经历和体验写成小说。上述因素对她写作能力的提高起到了决定性的作用。

阅读是美妙的成长，热爱是巨大的动力。写日记是最好的写作练习，鼓励是信心的阳光。

这是在写作上成功完成自我建构的一个独特的范例，如何将“这一个”的成功经验变成“这一群”的成功实践，其中有许多值得我们探究和深思的地方。

鉴于以上分析，作为教师，我们在作文教学中所能做的就是实事求是、分层教学、因材施教，最大限度地激发学生的习作兴趣，深入挖掘他们的学习潜能，让他们通过自身的努力，逐步建构自己的作文知识体系。

当然，在学生建构自己的作文知识体系的过程中，教师要给予切实有效的指导和帮助，特别是要做到因材施教。所有中学可以在学生初一刚入学时就进行写作水平测试，根据学生写作的水平，确定不同的发展目标，制订不同的训练计划，对他们提出不同的写作要求，因材施教。唯有如此，才能避免以往用同一标准要求所有学生的不切实际的做法，从而使教学真正进步。这一点也是构建作文有效课堂的奥秘和关键所在。

二、重建写作教学训练体系

（一）开设分级课程，引导学生发展

为改变目前中学作文教学散漫无序的现状，我们可以采用比较符合学生学习实际的分级写作课程，使教学有章可循，变无序为有序，从而更好地引导学生发展。

1. 开设分级写作课程的必要性

现行中学语文教材基本上是一本阅读文选，很少涉及写作理论和方法的指导。在这种情况下，学生从哪里去获得具体有效的写作理论和方法的指导呢？似乎只能从教师那里。但是由于没有教材，教师对于写作理论和方法的掌握也不全面，又何谈给学生以帮助呢？在实际的作文教学中，大多数教师都缺少宏观的视野，经常只是布置题目、批改、讲评，讲评时往往也多是就事论事，就现象说现象。由于不能从理论的高度去分析，所以也就无法从本质上讲深讲透，这样学生也就不可能知其然又知其所以然，也就不清楚该从什么地方入手去提高自己的写作能力。另外，由于作文训练的内容比较随意、零散，缺乏科学性和系统性，所以学生也就不可能掌握比较全面的写作知识和写作方法。为弥补这些缺憾，我们很有必要开设系统性的写作指导课程。通过这些课程，学生可以全面地、循序渐进地掌握必要的写作知识和写作方法，在训练中少走弯路。

2. 课程内容

根据学生年龄、心理的特点和写作的实际情况，按照循序渐进和因材施教的原则，在初中三年里，应依次开设以下作文指导课程。

（1）熟悉写作基本过程阶段：应开设以“观察与体验”“阅读与思考”“构思与审题”“搜集材料”“理解结构”“分析语言”“指导修改”等为主题的课程。

（2）训练写作基本技能阶段：应开设以“立意”“选材”“布局”“表达”“思维”“章法”“技法”“修辞”“评点”等为主题的课程。

（3）写作技巧训练阶段：应开设以“炼意”“用材”“谋篇”“文采”“描写”“抒情”“议论”“鉴赏”等为主题的课程。

（4）文体写作训练阶段：应开设以“叙事记叙文”“写人记叙文”“立论议论文”“驳论议论文”“事物说明文”“事理说明文”“常用应用文”等为主题的课程。

（5）写作应变能力训练阶段：应开设以“仿写”“扩写”“缩写”“续写”“改写”等为主题的课程。

（6）写作应用能力训练阶段：应开设以“观察作文”“想象作文”“材料作文”“话题作文”“命题作文”“半命题作文”等为主题的课程。

3. 训练程序

在开设上述课程并指导学生进行系统训练的过程中，应该采用符合学生认知发展规律的训练程序，以保证教学成效。根据学生的认知发展规律和写作训练的实际，教师可按照以下程序循序渐进地进行训练。

（1）实际分析：仔细考查学生写作的基本能力、特殊能力和应试能力等，对实际情况进行认真分析，详细列出学生的优势项目和劣势项目，评出等级。

（2）理论指导：根据对学生写作实际的分析，对其进行有针对性的理论指导，使其明白自己的长处和不足，并进一步指出这些长处和不足形成的原因，引导学生找到适合自己的学习途径和方法。

(3) 范例引路：在明确了目标、找到了方法后，教师应该提供合适的范文，并与学生一起研读，弄清楚该范文的主旨、思路和亮点。

(4) 模仿训练：在充分研读范文之后，可以要求学生借鉴其写法、构思进行写作。需要注意的是，这里的模仿不是"依葫芦画瓢"，而是有所取舍、有所创新的，只有这样的模仿才有意义。

(5) 习作评改：在学生完成习作之后，师生可以就习作的立意、选材、结构、表达等方面逐一进行评价，肯定成绩，找出不足，拟定修改完善的计划，然后反复认真地修改，直到满意为止。

(6) 发展设计：要求学生根据自身写作的实际制订一个发展计划，努力在薄弱环节获得突破，从而使自身的写作水平得到切实提高。

4. 课程结构

如果我们将作文教学课程大致划分为理论课和实践课，根据各自的特点，其课型结构可以设定为以下模式。

(1) 理论课结构模式。

第一环节：开门见山，提出问题。

第二环节：深入浅出，阐述问题。

第三环节：联系实际，理论讲解。

第四环节：立足实践，思考探究。

(2) 实践课结构模式。

第一环节：明确目的，导入新课。

第二环节：根据要求，构思设计。

第三环节：讨论提纲，完成习作。

第四环节：交流成果，评价完善。

这些课程大致涵盖了中学生习作应该了解和掌握的相关知识与技能。课程的难度和要求应逐步提高。每次课为两课时，第一课时进行理论学习探讨，第二课时进行写作实践训练，做到理论与实践相结合。

（二）利用观察日记，训练写作能力

写作水平的提高，从根本上来说，是要在大量切实有效的习作训练的基础上才能实现的，离开充分的习作训练，学生的写作水平就难以提高。

采用怎样一种切实有效的习作训练方式才能较好地弥补常规作文教学的不足呢？我认为最好的方法无疑是写观察日记。

写作能力是一种综合能力，它的获得需要长期的、多方面的积累，既要求有广博的知识积累，又要求有丰富的情感积累，还要求有过硬的能力积累。没有这样的积累，要写好文章无疑是痴人说梦。怎样才能使学生提高写作能力呢？经过多年探索，我认为引导学生持之以恒地写观察日记是一条最实用、最有效的捷径。正如陶行知所说，写日记是最好的写作训练方法。陶行知认为，写作离不开生活。看到儿子写给他的信就像没有汁水的柑橘，陶行知指出原因在于“生活有些枯燥，意义不甚充足”。怎样帮助儿子解决这个问题呢？陶行知提倡写日记练笔。他认为日记是学写文章的一个好方法，因为日记是每天生活的写真，“每天的生活不同，就能够使每天的文字不同。要有活的日记，就要有活的文字记载”，坚持写日记，“便自然地产生出活的文章”。

古代的私塾教师在执教蒙童“开笔”之后，一般要求他们平均五天写一篇作文。如果照此算来，如今的一个学期以四个月计算，每学期写的作文不应少于二十四篇，可实际上，新课标也才规定学生要完成七篇大作文。数量上仅相当于古代私塾里孩子们一个月完成的作文的数量，更别说保证质量了，这样如何谈得上提高作文水平？

北宋文学家欧阳修说：“作文无他术，唯勤读书多为之自工。”清代学者唐彪在《读书作文谱》中说：“谚云，‘读十篇不如做一篇’。盖常做则机关熟，题虽甚难，为之亦易；不常做，则理路生，题虽甚易，为之则难。”这里所说的“机关”“理路”，即今天所说的作文思路。唐彪还

说："学人只喜多读文章，不喜多做文章……人之不愿多做者，大抵因艰难费力之故；不知艰难费力者，由于手笔不熟也。若荒疏之后作文艰难，每日一篇半篇亦无不可；渐演至熟，自然易矣。又不可因不佳而懈其心，懒于做也。"谚语说："拳不离手，曲不离口。"自古文坛巨匠、武林高手，莫不是在苦练中成就的。至于如何多练，自然应当寻求相关的方法和窍门。老师不能像鲁迅先生所批评的那样任学生在"黑暗的胡同里摸索"，而应给予学生恰当的引导和点拨。

近几年来，我要求学生从进校的第一天起就开始写观察日记。为了保证观察日记的质量，我着重做了以下几方面的工作。

第一，在学生正式开始写观察日记前，系统地阐述写观察日记的种种好处，如有利于形成良好的观察能力、有利于积累丰富的写作素材、有利于训练娴熟的表达能力、有利于锻炼坚强的意志品质、有利于培养高雅的审美素养、有利于塑造健全的人格、有利于记录宝贵的人生体验等。

第二，就观察日记的格式、内容、写法、要求等对学生进行指导，使学生知道怎样做。

第三，每周一语文科代表将全班的观察日记收齐并交给教师批阅，教师点评时应尽可能地给予鼓励，对写得好的学生不吝赞语，针对学生的不足之处提出建议，并对敷衍应付的学生给予严肃批评。

就这样坚持写，不少学生每学期都能写出四五万字的观察日记。毫无疑问，用原来我们经常采用的大作文、小作文、周记等形式，无论如何是写不了这么多的。

一个学生在观察日记里写道：

昨天我们班又来了两名新同学。她们俩一看就是行为和性格迥异的人：一个女生穿着整洁得体，皮肤白皙，脸上没有笑容，走起路来斯斯文文的；另一个女生高高瘦瘦的，好像很喜欢赶时髦，她的头发挺短的，好像烫过头发，校服的裤子也改成了窄脚的，虽然不太明显，但仔细看还是能发现的。

这篇观察日记表明作者的观察能力确实得到了很好的培养。其实，除了观察仔细外，这个学生平时还很重视积累各方面的素材，她在初一的一年内摘录了先秦诸子散文、毛泽东诗词、冰心散文、当代抒情诗、普希金诗选、泰戈尔诗集、流行歌词等近百篇，加上自己的评语，有3万多字，这对于积累写作素材，培养语感，无疑会产生很好的促进作用。

还有一个学生也很喜欢写观察日记，并且善于在观察日记中用自然活泼、富有个性的语言生动地描述自己的感受。

今天是初一下学期开学的第一天，许多老师上课时都是先说“废话”，再进入正题——上新课。幽默的葛老师走到讲台上站了一会儿，笑着说：“古人说‘一日不见，如隔三秋’，一个假期没见，不知隔了多少秋，我挺想你们的！”呀！没想到老师会这样说，我们都哈哈大笑起来。数学老师一走进教室就问我们：“怎么样，这个假期过得充实吗?”我们都答：“充实。”数学老师接了一句：“哦！睡得充实吧！”的确，假期里我一天可以睡10个小时，现在每天只能睡六七个小时了，确实有点不习惯。

再看她写的另一篇观察日记。

今天，我们接受了一个光荣的任务——帮老师批改试卷。因为我们的语文老师不仅要批改两个班的试卷，还要帮一位因生病而请假的老师代课。语文老师让我和嘉宝帮助批改他代课那个班学生的试卷。听说他们班的成绩向来很差，通过这次批改试卷，我才知道原来他们的成绩比“不咋的”还要“不咋的”，有些题目的答案参考书里明明白白就写着，可是他们就是乱写一通，把我笑得肚子都痛了。

她在日记里更是用她特有的幽默风趣的语言记录了一次让人开怀大笑的班级足球赛。

今天下午第四节课，我们班和（6）班在体育场进行了一次很热闹的足球赛。比赛还没开始的时候，我们班那群家伙说了许多自我安慰的话，还鼓舞士气说："赢了班长请吃饭！"有了解情况的同学说上场的11个男生中，只有3个会踢足球。比赛过程中，球场上一片混乱！观战的男生们可兴奋了，在那儿指手画脚地评论着；女生也不甘落后，对着场上瞎喊一气。尽管气氛如此激烈，可是当球赛结束时，记分牌上写着0∶3——我们班最终被（6）班"剃了3次光头"！我们只好说："友谊第一，比赛第二。比赛结果不重要，重要的是友谊！"

她的文笔如此机智诙谐，幽默风趣，无疑是与每天用心观察、勤奋习作分不开的！细想来，从倡导学生写观察日记的第一天起，为了让学生坚持下去并取得成效，我费尽心思。首先是耐心细致地宣传动员，列举写观察日记的种种好处；其次是持之以恒地检查督促，对观察日记的内容、书写、字数一一进行检查；再次是满腔热情地引导和鼓励学生。我在学生的日记本上写下这样热情的批语："学习如逆水行舟，不进则退。以前没写的能够补齐吗？""你的文笔不错，很有潜力，好好练笔，定会成为作文高手！""选材要着眼于自己的生活经历，这样容易写得真实生动。""有摘录、有感悟，这种形式是积累语言和增长智慧的好办法。""很好！坚持写下去，到初中毕业，算算你将会欣赏到多少佳作！摘录的这些名篇佳作最好都能熟读或背诵，理解其内涵，领悟其奥妙。积累越多，潜力就越大！"

经过坚持不懈的训练，学生三年下来写出了二三十万字的观察日记，不知不觉间，他们在写作上已变被动为主动，变冷漠为热情，变拘谨为从容，从感性到理性，由量变到质变，由失败到成功！

当然，要做到这样绝非易事，困难一定不少。一是愁素材，不知写什么好；二是因为懒惰，难以坚持；三是只重视其他所谓的正规作业，不重视这种习作训练，不愿多下功夫，往往弄成流水账，进而觉得枯燥乏味，不愿再写。针对学生存在的这几个问题，教师可以在正式要求学生写观察日记之前做一次专题辅导。

第一，关于素材的问题。只要做个生活的有心人，就不愁没东西可写。一是可以写生机盎然的大自然，大到四季变化，小到一草一木，上可写天空中的云霞明灭、行云飞鸟，下可写大地上的山川秀丽、繁花似锦，有写不尽的内容。二是可以写丰富多彩的校园生活，如每天的读书思考、同窗友谊、活动体验等，总有可写之处。三是可以写千姿百态的社会，或亲身经历的，或道听途说的，或新闻报道的，这些人和事无不透露出世态人情，或发人深省，或令人愤慨，或让人感动，哪会没东西可写？四是可以写有滋有味的读书生活，好的书籍是人生的导师，读一本好书如听得道的高人教诲，如与伟大的心灵交流，岂能没有感悟和启示？

第二，关于毅力的问题。一部分学生写观察日记时总是找这样那样的借口拖延或不写，难以坚持下去，这实际上是毅力问题。真要像托尔斯泰、高尔基、果戈理、屠格涅夫等人学习习作那样，随身带着笔记本，随时记下点滴见闻或只言片语，哪怕每天只记几十个字，几百个字，只要不中断，素材就会越积越多，观察力会越来越强，表达能力自然也会越来越高。写作水平的提高怎么可能一蹴而就。恰恰相反，写作水平的提高是日积月累、循序渐进的过程。

第三，关于将日记写出趣味的问题。日记能否写出趣味、写出特色，不仅关系到日记的质量，也关系到学生有没有兴趣继续写下去。如果日记写得很差，学生自己都觉得乏味，又怎么愿意继续写下去呢？所以，还是要用心观察和体会，用一双善于发现美的眼睛去看待身边的一切，用心体会其中的趣味和意义，尽可能用贴切的语言去描述它。这样一来，每一篇日记都会是有意义、有趣味的。

为了及时指导和鼓励学生，教师要定期批阅、讲评。好的日记可以通过宣读、张贴、评奖、发表等形式予以表扬，也可举办命题日记竞赛等活动加以促进。

（三）开展专题探究，突破写作困境

我们曾将中学生作文中存在问题的原因归结为缺乏观察、缺乏阅读、缺乏体验、缺乏真情、缺乏文采、缺乏想象、缺乏训练、缺乏创造等。为了引导学生走出这些困境，我们尝试采用专题探究的办法。

例如，针对学生写作时缺乏材料这个问题，我引导学生深入分析为什么大家平时写的作文往往内容空洞、言之无物，为什么写作文时会感到无话可说，怎样才能有效地解决这个问题。学生讨论后统一了认识，知道根源在于平时缺乏积累。于是我给他们列出了“童年记忆”“我爱我家”“多彩校园”“与书为伴”“感悟自然”“旅行观感”“社会见闻”“沉思遐想”这样几个专题，要求他们在每个专题之下至少储备五则相关素材，然后在共同交流的基础上扩充素材库，使之更加充实和丰富。就这样，我让学生利用一个学期的时间，通过自学和互助建立起自己的习作素材库，从而帮助学生走出了写作时缺少素材这个困境。之后，我又对前五个专题的内容做了具体规定，要求学生逐项完成。

专题日记之一：童年记忆

（1）童年的亲人

（2）童年的伙伴

（3）童年的玩具

（4）童年与自然

（5）童年的节日

（6）童年的趣事

（7）童年的梦想

（8）童年的困惑

专题日记之二：我爱我家

(1) 这就是我家

(2) 我的启蒙老师：妈妈

(3) 我的人生向导：爸爸

(4) 我家的开心时光

(5) 我家的艰难时刻

(6) 离家远行的日子

(7) 在家独处的感觉

(8) 用心呵护我的港湾

专题日记之三：多彩校园

(1) 第一次上学

(2) 从小学到中学

(3) 我的老师

(4) 同学少年

(5) 同桌的你

(6) 享受读书时光

(7) 军训的日子

(8) 课外的风景

专题日记之四：与书为伴

(1) 我读到的第一本书

(2) 我最喜爱的一本书

(3) 在书店看书的时光

(4) 我读过的中外名著

(5) 我借书或买书的故事

(6) 我书架上的那些书

(7) 读书给我的启示与帮助

(8) 我渴望读到的书

专题日记之五：感悟自然

（1）怀念野花遍地的岁月

（2）向往大雁飞过的天空

（3）鹰在天，鱼在水，我在乐

（4）仰望遥远的璀璨星空

（5）徜徉在青山绿水间

（6）聆听大自然的絮语

（7）童年的小河不再流

……

在进行专题训练的过程中，每完成一个专题，可以组织一次课堂交流，共享资源，取长补短。这样可以在较短的时间内让学生快速地建立自己的素材库，有效解决写作时材料匮乏、内容空洞的问题。

（四）强化写作训练，促进质变

在学生通过长期的、大量的写作训练，积累了丰富的写作素材和较强的写作能力之后，我利用节省出来的两三周时间，对学生集中进行作文强化训练。这一强化训练的设计是受到古人经验启示的结果。清代学者唐彪在总结作文训练的经验时认为，安下心来，集中一段时间连续作文会很有成效。他说："人生作文，须有数月发愤功夫，而后文章始能大进，盖平常作文，非不用力，然未用紧迫工夫，从心打透，故其获效日浅。心手一致功，连作一二月，然后心窍开通，灵明焕发，文机增长，自有不可常理论者。"这些话可谓经验之谈，由于精力集中、专心一致，成果自然显著。强化训练既有助于培养写作习惯，又有助于摸索到作文的奥妙，真是一举两得。照此看来，一学期之中，可以集中一段时间指导学生一鼓作气地写若干篇作文。如写记叙文时，就专写记叙文，记人的、记事的、状物的、写景的、抒情的，全部集中进行训练，这样学生定会印象深刻，收获甚多。这种做法确实比那种不温不火、零零星星的分散训练有效得多。

根据这样的理解，我选择在每个学期末对学生进行作文集训，连续训练两周时间，期望这种集中强化训练能发现每个学生在写作方面的缺陷，以便在随后的训练中加以弥补。

1. 提供训练题目

在进行作文训练前，我会先给学生提供一些训练题，让大家思考。

（1）训练题目：童年。

训练目的：检测学生对以往生活的记忆、感悟，训练学生的表达能力和对作文的整体驾驭能力。

训练要求：写出童年的生活环境、成长过程、独特体验及童年生活对今天的影响，要写出真情实感，字数不少于600字。

（2）训练题目：故乡。

可以用“故乡印象”“故乡的春天”“故乡的夜晚”等作为主题，引导学生写作。

训练目的：检测和训练学生的写景抒情能力。

训练要求：具体地描写故乡的景色。如果以“故乡印象”为主题，就侧重总的描写。如果以“故乡的春天”为主题，就侧重写季节特征。如果以“故乡的夜晚”为主题，就侧重写夜景和童年故事。任选一题。字数不少于600字。

（3）训练题目：对我影响最深的一本书。

训练目的：检测和训练学生概括一本书的内容、表达内心体验的能力。

训练要求：运用对比手法，写出这本书的主要内容及其对自己产生的具体影响。

（4）训练题目：对我影响最大的一个人。

训练目的：检测和训练学生抓住人物性格进行观察和描写的能力。

训练要求：写出人物最具魅力的性格特征及其对自己的深刻影响。

（5）训练题目：寻找。

雄鹰寻找苍穹，蜜蜂寻找花丛，鱼儿寻找溪流；商人寻找财富，诗人寻找灵感，老人寻找亲情……你又在寻找什么呢？请以“寻找”为话题写作文。

训练目的：检测和训练学生写作话题作文的能力。

训练要求：尝试在炼意、选材和表达上有所创新。

（6）训练题目：站在遥远的地方呼唤。

一位西方心理学家在其所著的《青年心理学》一书中说过，没有人像青年那样渴望被理解，没有人像青年那样站在遥远的地方呼唤。

训练目的：检测和训练学生对自我的认识与表达能力。

训练要求：写出对理解、关怀、信任的渴望，以及青春期的迷惘和追求。

（7）训练题目：人生如________（如梦、戏、歌等）。

训练目的：检测和训练学生对人生的感悟、理解和表达能力。

训练要求：先在题目的横线上填上一个字或词，使题目完整，然后写作。

（8）训练题目：网（或路、桥）。

训练目的：检测和训练学生对于具有象征意味的作文的构思和表达能力。

训练要求：在网、路、桥三个题目中任选一题，写作时要把抽象的内容写具体。

（9）训练题目：我想起了________（如秦皇汉武、李白杜甫、长城狼烟、丝绸古道等）。

训练目的：检测和训练学生运用史料表情达意的能力。

训练要求：选填名词，把题目补充完整，写作时力求写出对历史的独特感悟和见解。

（10）训练题目：飞向________（如太空、火星、月球等）。

训练目的：检测和训练学生进行丰富、奇特而又合理的想象的能力。

训练要求：选填名词，把题目补充完整，写作时注意想象的合理性和描写的生动性。

（11）训练题目：给________的一封信。

训练目的：检测和训练学生利用书信表情达意的能力。

训练要求：选填名词，把题目补充完整，写作时注意书信的称呼、语气和格式等。

（12）训练题目：感恩。

鸟儿感激天空，鱼儿感激河流，花儿感激雨露，万物感激太阳。作为万物灵长的你，生长在这天地之间，过去、今天和未来有多少人、多少物在为你付出，你的内心曾经萌生过感激之情吗？请以“感恩”为话题写作文。

训练目的：检测和训练学生对情感的感受和表达能力。

训练要求：力求做到内容具体、情感真挚。

2. 进行作文指导

通过总结多年来写作教学过程中正反两方面的经验，学习借鉴古今中外写作教学的成果，我们深深地认识到，写作教学中应全面培养学生的综合素质，始终遵循写作教学的基本规律，紧密结合学生的生活实际。在上述认识的指导下，我在实践中摸索出比较切合学生实际的、科学有效的作文训练方法，即“激趣—观察—启发—表达—修改—发表”。

如果按照这一思路训练学生写一篇以培养观察能力为目的的记叙文，我们可以按照以下步骤操作。

第一步：激趣。由教师在课堂上给学生选读一篇中学生所写的记叙文《逛市场》，该文观察细致、描写生动有趣，因为是同龄人所写，很合学生口味，很能调动学生的写作兴趣。

第二步：观察。由于学生普遍存在着写作缺乏素材的问题，所以教师可以要求学生放学后到附近的超市逛一逛，把自己发现的素材记下来，并进行初步的构思，列出提纲。

第三步：启发。教师组织学生在课堂上谈谈各自逛超市的发现和写作计划，交流构思提纲，互相启发，然后完善构思提纲。

第四步：表达。要求学生回家按完善后的提纲写出初稿。

第五步：修改。教师在课堂上提供修改标准和要求，学生在合作学习小组内交流初稿，集体修改后，再由作者整理定稿。

第六步：发表。从学习心理上说，学生付出许多努力后终于写出了作文，每个人都渴望获得肯定，体验成功的喜悦。发表习作既是对本次习作活动的总结，也是在为学生积极参与下一次的习作活动加油鼓劲。所以，我们通过小组宣读、班级交流、收入文集、推荐发表、评选颁奖、张贴表扬、网上发表等形式，尽可能地使每个学生都获得成就感。我们越来越相信：作文其实并不难，作文其实很有趣，作文其实很重要。

用这种步骤和方法，结合记叙文文体训练，着重培养学生在观察、立意、选材、结构、表达和修改等方面的基本能力，并以思维训练为中心，在宏观上形成“基本能力＋思维能力＋文体写作能力”相结合的训练模式。

我在教学中采用这样的训练模式，与学生一起探讨每一篇作文的构思、选材和表达，引导学生按要求完成每一篇习作。学生的初稿完成后，我要求学生自由组合，找同伴交流和讨论并相互写评语。为了让学生广泛听取意见，我规定每篇作文的评语不得少于五条。之后，学生根据老师和同学的评语意见精心修改，改定后编印成册，要求包括封面、前言、目录、正文和后记等。文集编印完成后，在校内外广泛传阅和交流。

为了给学生的习作训练提供尽可能多的理论和方法的指导，还可以举办各种相关的专题讲座，举办小记者培训班，开展读书活动，组织读书征文比赛，提高学生的写作素养，增强其发展的后劲。

（五）注重读写结合，实现能力转化

要写好作文离不开阅读。因为一个人不读书必定会缺乏内涵，没有文化底蕴，写出的文章就免不了肤浅乏味，没人愿意读；不读书也无法广泛学习，取他人之长，补自己之短。一个人孤陋寡闻、胸无点墨，却

又要写文章，就只能闭门造车和胡说八道，最终只能贻笑大方。

要写好作文，不读书自然不行，可是光读不写也不行。因为缺乏实践就免不了眼高手低，难以成事。吃遍山珍海味的人，说起各派名菜的风味和特色，可能头头是道，但是要让他做一道菜，他就会一筹莫展。许多评论家说起各家各派作品来，何尝不宏论滔滔，气势不凡，可是要让他也写一篇类似的文章出来，他可能就会束手无策。为什么呢？原因很简单，就是因为缺乏实践和转化，没有将自己对于作品的感悟和体会通过创作实践转化为创作能力。因此，读书和写作应该紧密结合，相辅相成，相互促进转化，这样才能有效提高写作能力。具体说来，阅读对写作的作用表现在以下几个方面。

1. 阅读可以提高作者素养

提出进化论的科学家达尔文曾有过一段饶有趣味的自述。他说自己在年轻时对莎士比亚等人的诗歌十分着迷，这使他心灵自由而快乐，思维非常活跃。可是以后的许多年里随着自己对阅读的疏远，他的思想也如同变成了一种机器，只能机械地从无数事实和原料中提取出一般规律。回顾自己的阅读经历，高尔基说："假如没有书的帮助，我会被愚蠢和下流淹死。"因此他"扑在书籍上，就像饥饿的人扑在面包上"。正是那些宝贵的精神食粮拯救和哺育了高尔基，使他从一个流浪汉变成无产阶级的文学大师。这说明，阅读对于个体具有重大意义。

阅读对于一个国家和民族同样具有重大意义。一部书可能改变千百万人的命运，改变一个国家的未来，推动历史的进程。对于著名作家奥斯特洛夫斯基而言，阅读使他从一个满身坏毛病的少年，成为伟大的作家。正是因为阅读了《加里波第传》和《牛虻》等作品，他才立志要成为英雄，成为用作品教育和激励人们前进的作家。成千上万的苏联青年，正因为阅读了奥斯特洛夫斯基的《钢铁是怎样炼成的》，才毅然投入到伟大的卫国战争中去。

2. 阅读可以获得写作素材

王充写《论衡》之前，读完了《汉书・艺文志》中所列举的关于文艺、诸子、诗赋、军事、乐数和方技等方面的书。罗贯中从陈寿的《三国志》及裴松之对《三国志》的注解中得到启发，借用其中的大量材料，写成了《三国演义》。施耐庵把民间传说和杂剧中关于水浒的故事加以整合，写成了《水浒传》。鲁迅写《魏晋风度及文章与药及酒之关系》一文，从古代30多部著作中引证了大量材料。马克思写《资本论》一书，先后阅读了1500多部著作。福楼拜写《布法与居谢》一书，阅读了1500多本参考书，包括化学、医学、农学、旅行等门类的书。曾经有人惊诧于儒勒·凡尔纳的多产，对他一生能够创作出104部科幻小说感到难以置信，于是便猜测他有写作公司在代笔。其实不然，这位“科学幻想小说之父”的惊人成就主要归功于他的广泛阅读。

3. 阅读可以引发创作动机

左思因为喜欢张衡的《二京赋》而作《三都赋》。由于阅读而产生喜欢和羡慕之情，进而产生创作冲动，在长达十年的时间里，左思做了各种准备。作品完成后，人们争相传抄，一时“洛阳纸贵”。1961年10月，郭沫若在观看了浙江省绍剧团在北京演出的绍剧《孙悟空三打白骨精》之后，写了一首名为《看孙悟空三打白骨精》的诗歌，内有“人妖颠倒是非淆，对敌慈悲对友刁”和“千刀当剐唐僧肉”等诗句，表达了他对唐僧的厌恶之情。毛泽东读了郭沫若的这首诗，不赞成他对唐僧的态度，于是在同年11月17日作了《七律·和郭沫若同志》，针对“千刀当剐唐僧肉”等诗句，指出“僧是愚氓犹可训，妖为鬼蜮必成灾”，主张对属于受骗上当的“愚氓”唐僧要采取团结教育的政策，大家联合起来一致对付“妖怪”这个真正的敌人，从而纠正了郭诗的偏激倾向。毛泽东正是因为阅读时有感而发才引发了写作动机。

4. 阅读可以学习表达技巧

读《三国演义》可以学习其中运用的层层铺垫、衬托、渲染、张弛相间等表现技巧；读《水浒传》可以学习其“百川归海”式的结构艺术；读《从百草园到三味书屋》可以学习作者的叙事手段和描写手法，懂得如何巧妙自然地进行过渡；读《围城》可以学习其中出色的讽刺艺术。

一个作者的写作风格正是在这样广博的阅读中逐步形成的。同时，阅读也可以培养读者的鉴别和欣赏能力，帮助读者去粗取精，去伪存真，从真正优秀的作品中获得有益的东西。

通过阅读，读者提升了素养，获得了材料，激发了创作动机，学到了技巧。那么，如何将这些写作的修养转化成写作能力呢?

第一，通过模仿实现转化。从模仿到独创是写作进步的必然规律。比如，作文教学中，通过组织学生对鲁迅的《从百草园到三味书屋》、朱自清的《背影》、贾平凹的《我的老师》等经典作品的模仿，可以帮助学生有效实现写作能力的转化。

第二，通过变化实现转化。比如，借鉴海伦·凯勒的《假如给我三天光明》，要求学生以《假如给我三天黑暗》为题习作，通过这种构思上的变化，可以帮助学生有效实现写作能力的转化。同时，也可以要求学生尝试将散文改写成诗歌、将现代文改写成文言文等，实现写作能力的转化。

第三，通过创新实现转化。如通过续写《皇帝的新装》，改写《卖火柴的小女孩》，创作类似《鲁滨孙漂流记》《神秘岛》一类的作品，实现写作能力的转化。

（六）积极丰盈情意，优化学生的人格

1. 丰盈情意

情感与人们对事物的态度和体验有关。凡是对事物采取肯定态度的，就会引起积极的情感，如喜悦、喜爱、得意、自豪等；凡是对事物采取否定态度的，就会引起消极的情感，如颓废、痛苦、忧愁、憎恨、绝望、灰心、自卑等。作者的写作冲动就来源于情感活动。

作品是否具有艺术感染力，很大程度上取决于情感表达是否恰当以及与情感相联系的感觉、知觉的独特作用。任何一个作者，要使自己的作品具有感染力，都必须努力实践，提高认识，增强艺术欣赏能力，丰富情感。

在我们的读书生活中，每一部能够触动我们心弦的作品都有着真挚的情感，这样才能引起我们的共鸣，极大地丰富我们的精神世界，只有这样，我们才会热爱它们。而那些缺乏情感的作品，丝毫拨动不了我们的心弦，无法引起我们的阅读兴趣，在我们的眼里，它们是毫无意义的东西。正如狄德罗所说，没有感情，任何笔调都不可能打动人心。

元代著名散曲作家马致远的《秋思》："枯藤老树昏鸦，小桥流水人家，古道西风瘦马。夕阳西下，断肠人在天涯。"作品不仅描写了深秋时节的景象，更抒发了天涯游子内心无限凄凉的感情，因此成为动人心弦的传世之作。

元代另一位散曲作家白朴也写过一首《秋思》："孤树落日残霞，轻烟老树寒鸦，一点飞鸿影下。青山绿水，白草红叶黄花。"全篇有景无情，有秋无思，因而难以打动人，也就不如马致远的《秋思》那样广为流传。可见，写景时也要融入感情，这样景物才会鲜活起来，因为感情赋予景物以灵魂。由此看来，马致远笔下的秋景正是因为融入了作者的感情而成为"活景"，而白朴笔下的秋景因为未能融入作者的感情而成为"死景"。

有人说"有至情方能有至文"。南朝时期的丘迟写过一篇《与陈伯之书》，其中有"暮春三月，江南草长，杂花生树，群莺乱飞"的句子，短短 16 个字描绘出了一幅充满诗情画意、生机盎然的江南暮春图。据史书记载，在此之前，已有许多人给叛降到北魏的陈伯之写信，劝他回归梁朝，但均未能打动他。收到丘迟的这封信后，陈伯之却马上从寿阳率部归梁了。正是信中那 16 个字描绘的家乡景色和其中所饱含的浓浓乡情打动了陈伯之，丘迟的劝说才取得了成功。

历史上类似这样以情动人，从而使人改变初衷的事例还有不少。李密的《陈情表》就是其中之一。三国时期的李密本在蜀国为官，蜀亡后他就回家侍奉祖母，祖孙二人相依为命。西晋建立后，晋武帝赞赏李密的才能，命其出任太子洗马一职。李密为情势所逼，就写了《陈情表》一文，其中有祖母"日薄西山，气息奄奄，人命危浅，朝不虑夕。臣无祖母，无以至今日，祖母无臣，无以终余年，母孙二人，更相为命”的句子，可谓感人至深。晋武帝读后，深有感触地对大臣们说：“看来李密的名望不虚啊!”于是打消了逼其为官的念头。

真挚的感情在写作中的作用确实如唐代诗人白居易所说的“诗者，根情，苗言，华声，实义”。对于诗歌来说，感情就像是根，语言就像是苗，声音就像是花，意义就像是果。没有感情这个根本，就不可能有苗、有花、有果。

既然感情在作品中占有如此重要的地位，那么我们怎样才能使作品具有打动人心、催人泪下的感情呢？最根本的一点就是先要感动自己。正如古罗马诗人贺拉斯所说：“你自己先要笑，才能引起别人脸上的笑容。同样，你自己得哭，才能在别人脸上引起哭的反应。”

明代剧作家汤显祖写《牡丹亭》时，常常忘情到不知身在何处。一次，到了吃饭时间，家人到处找他，最后发现他正趴在柴垛上痛哭，原来他正写到伤心处。正是因为作家能够这样将自己的感情融入作品之中，《牡丹亭》上演后才会引起巨大的轰动。

刘勰《文心雕龙·知音》中说：“缀文者情动而辞发，观文者披文以入情。”写文章的人因为感情激动而去遣词作文，阅读文章的人通过品味文章而受到感染。

古今中外不知有多少作家、诗人都是蘸着自己的心血和眼泪去写作的。鲁迅说：“宝贵的文字，是用生命的一部分，或全部换来的东西，非身经战斗的战士，不能写出。”革命先烈恽代英的“浪迹江湖忆旧游，故人生死各千秋。已摈忧患寻常事，留得豪情作楚囚”；杨超的“满天风雨满天愁，革命何须怕断头？留得子胥豪气在，三年归报楚王仇”；陈然的“对着死亡我放声大笑，魔鬼的宫殿在笑声中动摇”。这些革命先烈的诗句都是用鲜血和生命写成的，会永远鼓舞着人们的斗志。

穆青在写《县委书记的榜样——焦裕禄》时，多次被主人公的事迹感动得泣不成声。姚雪垠在创作《李自成》时，也常常被主人公的命运感动得不能自已，无法执笔。

别林斯基说："感情是诗人天性的最主要的动力之一，没有感情，就没有诗人，也就没有诗歌。"我们应该好好培养自己的感情，使自己首先成为一个能够感动自己的人。具体来说，我们应该做到以下几点。

一是对于大自然的一草一木，都要细心观察。"悲落叶于劲秋，喜柔条于芳春"——在深秋季节见到落叶就体会到悲凉的心情，在阳春季节看见柔嫩的枝条就产生喜悦的情感。同时，我们还应用心观察社会生活中人们的悲欢离合，丰富自己的情感。杜甫对别人的遭遇寄予深切的同情，写出了"三吏""三别"等作品。曹雪芹因为对自己的身世有刻骨铭心的体会，满怀"辛酸泪"，才能将《红楼梦》写得那样感人至深。

二是要善于借助广泛的阅读来滋养自己的感情。阅读可以弥补阅历的不足，让人受到感染。例如，读李白、苏轼的诗词可以滋养浪漫豪迈的情感，读柳永、李煜的词可以滋养婉约缠绵的情感。

三是提高思想认识水平，升华自己的感情。当人们对事物缺少了解、认识不深时，往往对它不会有什么感情，而一旦认识提高了，感情也会升华。例如，马烽的小说《我的第一个上级》，其中写"我"毕业后第一天去上班，在大街上与一个大热天穿棉裤的"怪人"迎头相撞，"我"一直在心里埋怨他，害得"我"连人带车摔倒在大街上。到单位后，"我"才发现原来刚才的那个"怪人"正是自己的上级，他之所以大热天穿棉裤，是因为多年前为了抗洪救灾，他一连十多天泡在洪水里，才落下严重的关节炎。了解了这些后，"我"的认识升华了，"怪人"成了"我"心中可亲可敬的英雄。生活中经常会有这样的事情发生，陌生、误会可能会造成情感的隔膜，而一旦认识有了转变，感情就会得到升华。

当我们成为具有丰富而热烈的情感的人时，就可能写出感人肺腑的作品。

2. 提升人格

除了丰富自己的感情世界之外，我们还要努力塑造自己的健康人格。因为只有拥有了高尚的人格，才能拥有高尚的"文格"。

纵观古代先贤的作品，无论是屈原的《离骚》，还是司马迁的《史记》，无论是李白的诗歌，还是关汉卿的戏剧，从几十字的绝句到百万字的小说，无不洋溢着鲜活的气息，让人感受到作者独特的人格魅力。

曹丕在《典论·论文》中说“文以气为主”。从孟子的“养浩然之气”到韩愈的“气盛言宜”，从叶燮的“诗之基，其人之胸襟是也”到王国维的“境界说”和林纾的“意境说”，崇尚作者人格和心灵塑造的文化精神绵延不绝。

这里所说的“气”，即人格、精神、气质、境界、胸怀、风格等。“养气”就是培养作者的主观精神。鲁迅说，从血管里出来的是血，从水管里出来的是水。如果作者缺乏主观精神，其作品也就不会精彩。曹操有雄才大略和斗志豪情，才能写下“老骥伏枥，志在千里”这样悲凉慷慨的语句。陶渊明潜心归隐，心志清明，才能写出“采菊东篱下，悠然见南山”这样超脱飘逸的诗句。文天祥一片丹心，正气凛然，才能写出《正气歌》，留下“人生自古谁无死，留取丹心照汗青”这样的不朽诗句。毛泽东顶天立地，气贯长虹，才能写出《沁园春·雪》《七律·长征》《满江红·和郭沫若同志》《将革命进行到底》《别了，司徒雷登》《愚公移山》等一系列气贯山河的诗文。

只有拥有浩然之气的人，才能写出精彩之文。那么，我们该如何培养浩然之气呢?

第一，要树立高远的志向抱负。陈胜因为胸怀大志，所以才能够发出“燕雀安知鸿鹄之志哉”的豪言壮语。刘邦因为抱负不凡，所以才能唱出“大风起兮云飞扬，威加海内兮归故乡，安得猛士兮守四方”的雄壮之歌。李白因为有壮志雄心，所以才能喊出“长风破浪会有时，直挂云帆济沧海”的铮铮誓言。

第二，要忠于崇高的理想信念。有信念的人才有高尚的人格，才能写出气壮山河的诗篇。伏契克在牺牲前写下了《绞刑架下的报告》。闻一多拍案而起，横眉怒对敌人的手枪，在生命的最后时刻发表了气贯长虹的《最后一次演讲》。夏明瀚在就义前写下了“砍头不要紧，只要主义真。杀了夏明瀚，还有后来人”的铿锵诗篇。叶挺怀着崇高的革命理想和坚定的革命信念，以宁死不屈的决心，在囚室里写下了万古流芳的《在烈火中永生》。

第三，要陶冶高尚的道德情操。道德情操高尚的人自然会有满腔正气，犹如亭亭玉立的荷花出淤泥而不染，犹如高大挺拔的松柏迎狂风而不折。孔子说："有德者必有言。"我认为，有道德的人说话一定有正气。屈原、李白正是因为拥有高尚的道德情操，才能写出《离骚》《将进酒》等充满正气、豪迈奔放的诗篇。

第四，要涵养广阔的胸襟。作者在生活实践和学习探索中形成的志趣、才华、性情、气质，也会影响作品创作。苏辙说："太史公行天下，周览四海名山大川，与燕赵间豪俊交游，故其文疏荡，颇有奇气。"司马迁遍游祖国壮丽的名山大川，又与山东河北那些英雄豪杰们结交，这样的经历深深地影响了司马迁，涵养了他豪迈坚毅的性情和豪侠仗义的气概，这也许正是他不避风险，替李陵辩护，在蒙受奇耻大辱后仍能坚持完成《史记》的写作的原因吧！

第五，要运用奇妙的表达技法。在写作时运用效果奇妙的表达技法，也能增强文章的气势。唐彪在《读书作文谱》中说："凡文欲发扬，先以数语束抑，令其气收敛，笔情屈曲，故谓之抑。抑后随以数语振发，乃谓之扬。使文章有气有势，光焰逼人。"颜之推《家训·文章篇》中也说："凡为文章，犹人乘骐骥，虽有逸气，当以衔勒制之。"两位前人所说的欲扬先抑的技法，确实是写作中高明的方法。就像水库蓄水，待蓄满了水，形成了巨大的能量后再开闸放水，就会形成震撼人心的气势。

古往今来，所有有风骨、有气势的诗文都是有气节、有操守的人物写出来的。所以，要作文，先做人！所有有志于提高写作能力的人都应该努力从信念、人格、节操、意志等方面涵养自己的文气。我们一旦成为信念坚贞不屈、人格正直高尚、节操纯洁美好、意志坚定不移的人，笔下才不会写出虚伪、卑劣、低俗的文字。

那么，教师在教学中应如何引导学生丰盈情意和优化人格呢？主要还是靠课堂教学时的适时渗透和引导，以及学生课外的阅读与体验。

（七）加强各科联系，使之相辅相成

写作与其他学科之间存在着紧密相连的关系。

例如，写作促进了科学的发展与传播，使无数科学发明、科学理论公之于世，造福人类。科学则极大地丰富了写作的表现内容，提升了写作者的思维水平。

从写作内容上看，表现科学的内容是写作活动的重要组成部分。中学语文教材中收录了不少介绍科学知识的说明文，如介绍泥石流成因的《一次大型的泥石流》，介绍景泰蓝生产工艺的《景泰蓝的制作》，介绍气象知识的《观云识天气》，介绍死海特点的《死海不死》，介绍石拱桥的历史和特点的《中国石拱桥》等，许多宝贵的科学知识就是通过写作记录下来的。著名报告文学大师徐迟在描述数学家陈景润时，写到了数学上的一些有名的命题，特别是"哥德巴赫猜想"。在《地质之光》一文中，他则写到了有关地质构造与运动的科学原理。文章中的这些科学知识作为作品的一部分，给作品增添了无穷的魅力。法国伟大的科幻小说家儒勒·凡尔纳阅读了大量科学著作，请教了许多科学家，写出了《格兰特船长的儿女》《海底两万里》《地心游记》《气球上的五星期》《神秘岛》等作品，其中包含地理、航海、气象、社会、历史等方面的科学知识，使读者感到阅读这些科幻小说就像是在与学识渊博的地理学家、航海家、气象学家、社会学家、历史学家一起旅行探险，从而眼界大开。通过阅读英国著名侦探小说家柯南道尔的《福尔摩斯探案集》，我们同样能够学到关于化学、土壤学、物理学、昆虫学等方面的知识。很难想象一个人对他所要表现的事物或人物似懂非懂，写作时却可以写得很真切、很生动。所以，学习写作的人万不可只读文学书，也要读一读科学书，这样不仅可以大大丰富自己文章的内涵，而且能够增长自己的见识。

科学的知识、精神和方法，不仅是写作内容的一部分，也能陶冶作者的情操，培养作者的科学思维。经常运用分析与综合、判断与推理、假设与求证等科学思维方法会使作者的思维更加严密。英国著名女作家阿加莎·克里斯蒂的惊险小说《东方快车上的谋杀案》《尼罗河上的惨案》等，都极其出色地运用了分析与综合、判断与推理、假设与求证等科学思维方法。这样的作品真是科学与文学的完美结合。

根据美国心理学家加德纳的多元智能理论，人的智慧来自各种智能的奇妙组合。如果仅靠单一的智能，人的发展必定会受到限制，而各种智能的相互渗透、交融、促进，则会产生神奇的力量。诗人闻一多曾指出，音乐、建筑、绘画对诗歌创作具有重大意义，为此他提出诗歌的“三美”主张：诗要具备音乐的美，即章节的匀称，诗句的整齐，使诗歌和谐悦耳；要具备建筑的美，即要求结构新颖统一；要具备绘画美，即词汇要有色彩，能给读者提供视觉和想象的依据。这一诗歌创作主张新颖独特，很有启示意义。法国伟大作家罗曼·罗兰同时也是一位音乐理论家，他的长篇小说《约翰·克利斯朵夫》按交响乐的乐章变化来安排结构，作品的主人公大音乐家克利斯朵夫的一生就像一曲波澜壮阔、气势雄浑的交响曲。由于有了这样的构思，这部伟大的作品在艺术上和思想上取得了突出的成就，最终荣获诺贝尔文学奖。英国思想家培根在《论读书》中说，数学使人周密，科学使人深刻，修辞使人善辩，凡有所学，皆成性格。

许多杰出的文学家都有丰富的科学知识。鲁迅与郭沫若都是学医出身，懂得医学知识自不必说。此外，鲁迅对于心理学、木刻艺术等都颇为了解，郭沫若在古文字学、考古学、历史学、社会学等方面颇有建树。毛泽东博览群书，他的诗词作品中也有不少蕴含着科学哲理的诗句，例如，“坐地日行八万里，巡天遥看一千河”就蕴含着地理知识。德国文学家歌德对矿物学、植物学等有很深的研究。《伊索寓言》可以说是形象化的动物学著作。而法布尔的《昆虫记》则是昆虫学与文学的结晶。

许多杰出的科学家也都对文学艺术满怀深情。一把小提琴陪伴了爱因斯坦的一生，演奏小提琴不仅为他孤寂的生活带来快乐，更激发了他对于宇宙的无限想象力。我国著名数学家苏步青曾著文强调学文科的人要读点理科的书，学理科的人要读点文科的书，使文理兼备，这样才能得到和谐的发展。他以自己带研究生的事实说明这一道理。作为数学家，他最初招收研究生时十分看重学生的数学专业水平，对学生的写作水平则不太看重。经过两年之后，他发现了问题：两届研究生中，入学时数学成绩突出而语文水平一般的学生，因为受到理解力和表达力的限制，入学后的数学成绩很快便落后于那些入学时数学成绩稍微逊色一些而语文成绩较好的学生。有的研究生在写作毕业论文时，常常无法清楚和准确地表达自己的意思，甚至会将意思写反。而那些入学时语文成绩好的学生，入学后领悟能力、理解能力和表达能力都很强，很快便赶了上来，进步很快。鉴于这种情况，苏步青教授以后再招研究生时，一定要求学生语文成绩好，否则学生的数学成绩再好也不予录取。

历史资料丰富了文学作品的表现内容，历史事件则借助文学作品得以流传后世。我国历史上的《左传》《史记》等著作既是史学著作，又是文学著作。美术和绘画艺术给文学无尽的影响和滋润，音乐像阳光一样照耀着文学的天空，体育的力量之美、技巧之美、匀称之美、协调之美给文学创作以灵感，美学的原则和理想更是文学发展的灯塔。反过来，文学也对这些学科的进步起到了巨大的促进作用。如何将各科教学与写作教学有机地结合起来，促进各学科共同发展，不仅是语文教师的责任，也是其余各科教师的责任。因此，制订并实施《各科教师共同促进写作方案》，将是一项一举多赢的举措。

（八）了解评改方法，全面提升能力

怎样才能做到科学评改？一是废除不看对象、千篇一律的评改标准，采用符合学生写作实际的评改标准。二是废除僵化单调、费时低效的评改方法，采用灵活多样、省时高效的评改方法。

通过科学的评改，可以大大提升学生的审美眼光，做到“眼高”，再通过科学有效的训练，做到“手巧”。通过这样的举措引导学生摆脱作文评改方面对教师的依赖，实现写作上的自我建构，具有特别重大的意义。

1. 采用分层评改标准

按照实事求是、因材施教的原则，制订作文分层评改标准，有利于保护学生的写作积极性，从而使学生的写作能力得到有效培养和提高。

初中各年级作文的分层评改标准如下表所示。

内容＼年级	七年级	八年级	九年级
文面	美观 6 分	美观 4 分	美观 3 分
	规范 4 分	规范 3 分	规范 2 分
	整洁 2 分	整洁 2 分	整洁 1 分
书写	美观 10 分	美观 8 分	美观 6 分
	规范 8 分	规范 6 分	规范 4 分
	工整 6 分	工整 4 分	工整 2 分
语言	生动 18 分	生动 20 分	生动 22 分
	丰富 14 分	丰富 18 分	丰富 17 分
	准确 12 分	准确 16 分	准确 12 分
修辞	生动 6 分	生动 8 分	生动 10 分
	丰富 4 分	丰富 6 分	丰富 8 分
	贴切 2 分	贴切 4 分	贴切 6 分
结构	有序 10 分	有序 10 分	有序 10 分
	连贯 8 分	严谨 8 分	严谨 8 分
	完整 6 分	完整 6 分	完整 6 分
材料	精练 20 分	典型 20 分	典型 20 分
	新颖 15 分	新颖 15 分	新颖 15 分
	充实 10 分	充实 10 分	充实 10 分
情感	感人 15 分	感人 15 分	感人 15 分
	充沛 10 分	充沛 10 分	充沛 10 分
	真实 5 分	真挚 5 分	真挚 5 分
主题	新颖 15 分	新颖 15 分	深刻 15 分
	集中 10 分	突出 10 分	新颖 10 分
	正确 5 分	正确 5 分	突出 5 分

下面针对作文教学和学生写作的实际情况，对作文分层评改标准进行详细的说明。

（1）文面方面。

就目前的情况看，很多学生作文的文面问题突出，书写潦草、随意涂改、错别字多、格式错误、乱用标点符号等现象比比皆是。随着学生年龄的增长和教学的深入，这些问题会逐步得到解决，所以其所占分数的比重也逐年下降。在作文评改中，该方面的标准可以分为三个层次。

① 做到文面整洁，即无书写潦草和随意涂改现象。

② 做到文面规范，包括无错别字、无格式错误、无乱用标点符号等现象。

③ 做到文面美观，即除了达到上述两项要求外，还要有整体的美感，书写美观。

（2）书写方面。

相当一部分学生的书写情况简直糟糕到惨不忍睹的地步。因此，教师应特别给予重视并帮助学生加以改进。在作文评改中，该方面的标准可以分为三个层次。

① 工整：要求字迹不潦草，写字时一笔一画地写，字体端正，大小适中。

② 规范：要求不写错字、别字，不用拼音代替汉字，不随意插入外文字，符合汉字书写要求。

③ 美观：在上述两项要求的基础上，做到书写匀称，让人赏心悦目。

（3）语言方面。

学生作文语言存在的问题，突出表现在用词不当、词汇贫乏、语言枯燥乏味等方面。在作文评改中，该方面的标准可分为三个层次。

① 准确：要求词能达意，没有似是而非、词义模糊、出现歧义的现象。

② 丰富：要求在表现丰富的内容时运用比较丰富的词汇，没有词汇贫乏、语言生硬或滥用词汇的现象。

③ 生动：要求善于运用丰富的动词、形容词等富有情趣和表现力的词汇，借助多种修辞方法进行形象生动的表达，没有语言枯燥乏味、缺乏生气的现象。

(4) 修辞方面。

学生的作文枯燥乏味，与他们不会运用修辞手法有直接关系。鲁迅先生说："作文的人，因为不能修辞，于是也就不能达意。"在作文评改中，该方面的标准可分为三个层次。

① 贴切：要求能够选用恰当贴切的修辞手法准确地表情达意，没有使用不当的现象。

② 丰富：要求能够根据需要运用多种修辞手法使语意丰盈，没有单调贫乏的现象。

③ 生动：要求能够通过修辞手法的巧妙运用使语言形象生动，没有生硬死板的现象。

(5) 结构方面。

在主旨、材料和结构三要素中，结构相当于骨架的作用，属于形式要素。从目前学生作文的整体情况看，很多学生写作时不注重文章的结构，写文章既没有起承转合的结构，也没有并列式、递进式、对照式结构，甚至不懂得运用开门见山、过渡照应、首尾呼应等写作方法，常见的是毫无条理的拼凑式、胡扯式结构，导致内容杂乱无章。因此，教师应该设法引起学生对文章结构的重视。在作文评改中，该方面的标准可分为四个层次。

① 完整：要求有恰当的开头、合适的主干和自然的结尾，没有结构残缺的现象。

② 连贯：要求整篇文章各部分之间有比较紧密的联系，没有内容脱节、松散的现象。

③ 严谨：要求上下文之间环环相扣，结构严密，没有前后矛盾、不合逻辑之处。

④ 有序：要求文章构思巧妙，思维缜密，较有章法，全文形成和谐统一的整体。

(6) 材料方面。

材料是构成文章内容的重要因素，被称为文章的血肉。它有第一手材料和第二手材料、直接材料和间接材料之分。第一手材料来源于作者的亲身经历和体验，与第二手材料相比，写起来会让人感觉更真实、更准确，也更容易写好。第二手材料来源于阅读、转述等，可以用来弥补第一手材料的不足。恰当地运用材料，对文章的内容和质量具有重大影响。鉴于目前学生作文中普遍存在着材料匮乏的现象，教师有必要对作文的选材问题给予特别的关注。在作文评改中，该方面的标准可分为四个层次。

① 充实：要求通过实实在在的材料去表情达意，一般要做到详写一件事情，略写两件事情，或详细地记叙一件内容充实的事情。构成作文内容主体的应该是具体材料，而不是空洞的议论或虚假的抒情。

② 新颖：要求选用的材料是别人没有用过或用得不多的。除非用旧材料能够写出新意，否则不要总是用那些让人感觉乏味的材料，如下雨天送伞、公交车让座之类的材料。

③ 精练：要求所选用的材料在充实的基础上达到精练的要求，应保证所有材料都经过精心挑选，是表现主题所必需的。

④ 典型：要求所选用的材料既有普遍性和代表性，又有独特性和个性，能够让人眼前一亮，过目不忘。

(7) 情感方面。

初中阶段的作文以记叙文为主。在记叙性作文中，应突出情感因素，因为能不能以情动人决定着文章的好坏。在作文评改中，该方面的标准可分为四个层次。

① 真实：要求写出自己的真情实感，没有“为赋新词强说愁”的情况。

② 真挚：要求感情真诚恳切，坚决杜绝虚情假意和无病呻吟式抒情。

③ 充沛：要求文章表现的感情充实而饱满，字里行间浸润着真情。

④ 感人：要求表现出真挚、充沛而热烈的感情，具有打动读者心灵的力量。

(8) 主题方面。

主题又称主旨、主脑或中心思想，是文章的灵魂。我们可以通过审题、炼意，确保主题正确、集中、新颖、深刻。在作文评改中，该方面的标准可分为四个层次。

① 正确：符合生活实际和客观规律，这是主题表达方面最基本的要求。

② 集中：一篇文章只能集中表现一个主题，只能围绕一个中心来写。

③ 新颖：文章有独到的体验感悟和思想观点，让人耳目一新。

④ 深刻：文章能透过现象深入本质，揭示出事物的特点和规律。

2. 借鉴传统评改法

高度重视修改是我国传统作文教学中重要的经验之一，其做法至今仍有借鉴意义，因为符合教育规律的做法和经验是不会随着时光的流逝而失去生命力的。概括地说，古人修改文章的方法主要有以下几种。

(1) 多留少改法。

古代的私塾先生认为，批改作文时要尽量保留学生的原文，即使有所改动，也应顺着原作的思路去改，而不应另起炉灶，把学生的思路撇在一边，换成自己的思路。这样做可以保护学生的自尊心和写作积极性。正如清代学者王日休所说：“若改小儿文字，纵作得未是，亦须留少许，不得尽改。若尽改，则阻挫其才思。”他还说：“阅童子之文，但宜随其立意而改之，通达其气脉字句，极能长发才思。若拘题理而尽改之，则阻挫其才思，已后即不能发出矣。”

由此可以看出古人对蒙童的呵护之情及其爱才之心。为了不挫伤学生的自尊心和写作积极性，他们主张不必“拘题理而尽改之”。也就是说，即使学生的文章离题了，也不可全部改掉，而应该顺着学生的思路去改，帮助学生疏通文义，这样可以帮助学生发展才思。这种宽容的气度对于初学写作的孩子来说无疑是十分可贵的，不然一旦幼小的心灵受到伤害，他们写作文的愿望有可能从此消失。这对于我们今天的作文教学同样是有启发性的。我的一个学生告诉我，上小学时，有一次写作文，她写了一句“我的妈妈是个女的”，语文老师在全班同学面前嘲笑了她，使她从那以后畏惧和痛恨写作文。我认为，为师者应该有一颗爱心，没有爱就没有教育，就不能培育学生对学习的兴趣和信心。

（2）精批细改法。

为了恰到好处地指导学生写作文，古人进行作文批改时是极为用心的。古人在批改作文时会使自己务必做到每改一处都有非改不可的理由，每改一处都要改得恰当，每改一处都能让学生增长见识。如果无法达到这样的效果，宁可不改。正如清代学者唐彪所说：“先生于弟子之文，改亦不佳者，宁置之……盖不可改而强改，徒费精神，终不能亲切条畅，学生阅之，反增隔膜之见……盖学者于改就之文，细心推究：我之非处何在？先生之妙处何在？逾数月又玩索之。玩索再三，则通塞是非之故明，而学识进矣。”

由于古代的先生认真的精神和精湛的批改技巧，批改之文值得学生潜心揣摩和玩味，从而领悟作文的奥妙，这样的批改有百益而无一害。

如今，有些教师因为自己技艺不精，用心浮躁，对于学生作文的批改不能得到学生的认同，这些教师不但不反思自己的过错，设法改进教学，还归咎于学生，指责他们浅薄傲慢，岂不谬哉！

（3）重作旧题法。

古人有“改窜旧文，重作旧题”的“作文深造法”。这是另一种形式的作文修改法，它对于我们今天的作文教学很有启发意义。

唐彪说：“作文有深造之法。如文章一次做不佳，迟数月将此题再为之，必有胜境出矣……盖作文如攻玉然，今日攻石一层，而玉微见；明日又攻石一层，而玉更见；再攻不已，石尽而玉全出矣。”如果作文一次写得不好，过几个月再拿这个作文题重写，一定会有超过上次的地方。作文就像从璞石中剥离出美玉一样，剥去一层就能见到更多美玉，一层层不停地剥离，整个美玉就会完全显现出来。

古人的这种“作文深造法”确实有其高明之处，很值得我们借鉴。我们今天的作文练习，往往一个题目写一次就算了，无论学生的作文合格不合格，很少有教师要求学生重写的。严格说来，这是不负责任的行为。教学任务没完成，教学目的没达到就不了了之，不是不负责任吗？进行作文训练时，并不是所有学生的作文都能够一次性写好，这就需要反复实践，循序渐进。我认为，重作旧题这一“作文深造法”应作为我们作文教学中常用的方法，我们应促使它在实践中发挥应有的作用。

（4）冷却修改法。

什么时候修改作文最好呢？古人对此也有自己独到的见解。唐彪说：“文章初脱稿时，弊病多不自觉，过数月后，始能改窜。其故何也？凡人作文，心思一时多不能遍到，过数月后，遗漏之义始能见及，故易改也。又当其时，执着此意，即不能转改他意，异时心意虚平，无所执着，前日所作有未是处，俱能辨之，所以易改。”

因为一开始写作文时心思都在某一方面，如果一写完就修改，往往看不出问题在哪里，放一段时间，等心平气和了再来修改，就很容易了。这种冷却修改法是针对写作者而言的。古人不主张学生的作文全部由先生批改，更鼓励由学生自己修改，还要求学生“精思细改”，“从头到尾，一一检点。气有不顺处，须疏之使顺；机有不圆处，须炼之使圆；血脉有不贯处，须融之使贯；音节有不叶处，须调之使叶”。当然，要做到这些，必须等到心平气和的时候。

古人的这些经验来自于他们长期的实践探索，经历过时间的检验，也是前人留给我们的宝贵的精神财富，我们应该珍视、继承并发扬光大。那种轻视民族优良传统而在教学中盲目改革的做法，是肤浅的，也是无益的，对此我们应该有正确的立场和态度。

3. 指导学生运用习作自改法

教师在参考和借鉴以上作文修改方法的同时，要逐步指导学生学会运用适合他们自己的作文修改方法，以帮助学生提高写作能力。

（1）达标互助法。

教师可以鼓励学生组建四人学习小组并结成文友，进行互助式切磋和交流。每写一篇作文，对照作文评改标准，作者先自评，然后组内其他三位文友进行二评、三评、四评，作者再根据大家提出的修改意见进行修改完善。这样全班学生的作文一节课就可以评改完。比起教师评改作文来，学生的互助评改既快又能收到良好效果，何乐而不为？需要注意的是，教师在评改前要认真组织学生熟悉评改细则，评改过程中要给予学生帮助和指导，评改结束后要及时总结和反馈，不断提高学生互助评改作文的质量。在这个过程中，学生将明白作文的要求，学会自主修改，提高鉴赏能力。

（2）借鉴修改法。

教师要求各小组评改作文时推荐本组的优秀作文，通过张贴、投影、作者朗读、教师朗读点评等方式在全班展示。同时，可以让作者说说写作经过和心得，然后请其他学生发表意见，使全班学生都能够从优秀作文中获得启迪，对比、借鉴优秀作文，进一步提高自己的习作水平和评改水平。

（3）诊断评改法。

每学期经过一段时间的习作评改实践，在对学生的习作情况有比较全面的了解后，教师可以根据各年级各层级作文训练的目标和要求，对学生作文的书写、审题、选材、结构、表达和修改进行诊断式评估，精批一两篇，略批若干篇，肯定成功之处，指出薄弱之处，指明努力方向，强调训练重点，对学生此后一个阶段的作文训练提出指导性意见。这种评改方法，着眼于从整体上评价和指导学生，侧重启发和引导，既可以避免进行分散的评价，又可以节省大量的时间，效果也会很好。

（4）点评修改法。

教师着眼于学生习作的整体情况，对带有普遍性的问题加以重点讲评，着重提出修改完善意见。学生根据教师的意见，进行进一步的修改，直到满意为止。这种师生合作、点面兼顾的评改方法有助于突出重点，解决主要问题。

总之，作文评改方法的选取应为有效提高学生的习作水平服务，是由教师点评、由作者自评，还是由学生互评，可以根据教学需要来决定采用哪一种方法。我们必须改变目前这种单一的、低效的评改方式，采用符合教学需要的、灵活的、多样的、有效的评改方式，将教师从繁重低效的作文批改中解放出来，让教师专心担当好引路人的角色，逐步将作文修改的权利还给学生。

（九）重建写作教学训练体系

构建写作教学训练体系的目的并不是为了应付考试，而是为了切实提高学生的综合素养。因此，在写作教学过程中，教师应根据学生的实际情况，按照因材施教、循序渐进的原则，科学合理地设计和安排理论课程与实践课程。这样既可以避免写作教学中普遍存在的不顾实际、散漫无序、千篇一律的情况，对于学生写作素养的培养和提高也具有切实的帮助作用。

在进行作文训练的过程中，应以思维训练为中心，采用单元整体教学法，进行科学化、系列化的训练，并使写作教学与各科教学相辅相成，从而切实提高写作教学的效率，提升学生的写作能力。具体来说，在重建写作教学训练体系的过程中，教师应该重点注意以下几点。

1. 整体推进，避免分散

教师应将写作活动作为一个有机整体来看待，对学生完成写作所需要具备的各项基本素养加以科学有效的培养，避免“头痛医头，脚痛医脚”，“东一榔头，西一棒槌”的做法，增强写作教学的有效性。

2. 提高素养，把握关键

教师应将提高写作水平的关键聚焦在提高学生的写作素养上，聚精会神、全力以赴地帮助学生提高写作素养，从而牢牢抓住写作活动的主要矛盾和写作教学的关键，避免主次颠倒的情况，避免导致事倍功半的不良后果。

3. 重视理论，填补空白

教师应根据学生的写作实际，进行必要的和适当的写作理论教学，使学生知道什么是写作、为什么要学习写作和怎样学会写作，将理论指导与写作训练密切结合起来，争取达到事半功倍的效果。

4. 构建模式，提供借鉴

教师应通过实践探索，构建理论课、训练课和评改课相结合的写作教学模式，为写作教学的进步提供有力保障。

5. 建设教材，有据可依

学校应组织教师编写理论课、训练课和评改课的教材，同时制作这些课程的课堂教学实况录像，作为研究和交流的资料，使教学有据可依，改变目前写作教学因为缺乏教材而散漫无序、费时低效的局面，促使写作教学进入科学高效、快速进步的轨道。

6. 各科结合，合作多赢

写作课可以从其他各门课程中汲取素材，其他各门课程可以借助写作的成果更好地发展。我们应注重写作课与其他课程的联系，实现合作共赢。

总之，写作教学是一门科学，也是一门艺术，需要我们用艺术的心灵和科学的头脑去体验、去感悟、去探索、去思考，只有这样，我们才能突破困境，走进写作教学繁花似锦的春天！

江苏凤凰教育出版社
《行知工程》系列丛书目录

系列	序号	书　　名	主编	定价
新课程探索系列	1	《语文新课程的批判与重建》	葛桂斌	30.00
高效能教学系列	2	《高效能教师的10个好习惯（中学卷）》	张　瑾	30.00
	3	《让作文落地生根——提高写作实效的教学策略》	黄桂林	30.00
	4	《高效能作文教学5项修炼》	陈步华	30.00
	5	《高效能校长的10个好习惯》	张　勤	30.00
	6	《高效能教师的10个好习惯（小学卷）》	谢　英	30.00
	7	《高效能语文教学5项修炼》	王其华	30.00
美国名师教学译丛	8	《美国名师游戏教学本土化应用：幼儿园》	（美）玛西娅 L. 泰特 著 胡珍　瞿菁　编译	30.00
	9	《美国名师游戏教学本土化应用：小学英语》	（美）玛西娅 L. 泰特 著 杨永华　张心影　编译	30.00
	10	《美国名师游戏教学本土化应用：小学数学》	（美）玛西娅 L. 泰特 著 谢艳红　编译	30.00
	11	《美国名师游戏教学本土化应用：小学科学》	（美）玛西娅 L. 泰特 著 刘丽萍　编译	30.00
	12	《美国名师游戏教学本土化应用：小学社会》	（美）玛西娅 L. 泰特 著 姜梅芳　编译	30.00
	13	《美国名师游戏教学本土化应用：小学音体美》	（美）玛西娅 L. 泰特 著 尹立志　编译	30.00
鲁派名师名校·教育探索者系列	14	《悦读立人——校园阅读文化体系构建策略》	杨世臣	30.00
	15	《教育智慧何处来——一位特级教师的思考手记》	付立金	30.00
	16	《和雅文化——校本课程的创新构建》	汤善香	30.00
	17	《让个性绽放精彩——学校课程体系整合与创生》	谢建伟　徐淑萍	30.00
	18	《让每个学生都幸福——最能润泽生命的学校文化建设》	谢建伟　张新喜	30.00
文化班级系列	19	《做幸福的班主任》	吕　丽	26.00

系列	序号	书　名	主编	定价
创新教学探索系列	20	《打造有生命力的课堂 ——“两步八环节”教学模式探索与实践》	查联智	30.00
	21	《最能培养学生探究能力的课堂 ——小学科学与信息技术单元整体课程实施与评价》	李怀源	30.00
	22	《最能激发学生运动天赋的课堂 ——小学体育单元整体课程实施与评价》	李怀源	30.00
	23	《最能提升学生艺术素养的课堂 ——小学艺术单元整体课程实施与评价》	李怀源	30.00
	24	《“生命语文”探索——焕发语文生命力的思考与实践》	王自成	30.00
	25	《粘连作文教学：让习作成为有个性的自我建构》	黄瑞夷	30.00
	26	《备学式教学——在体验中建构数学思维》	单广红　范雪梅	30.00
	27	《向着自主进发——自主教育的创新实施智慧》	朱亚红	30.00
	28	《写中学——让学习更有效的学科写作教学》	钟传祎	30.00
	29	《小学科学实验总动员 ——大科学课堂有效提升学生创新力》	江美华	30.00
	30	《小学语文单元整体课程实施与评价》	李怀源	30.00
	31	《小学英语单元整体课程实施与评价》	李怀源	30.00
	32	《小学数学单元整体课程实施与评价》	李怀源	30.00
生态化校园系列	33	《点燃学习的激情——构建校园生态化学习型组织》	杨树岳	30.00
	34	《课改突围——构建学校生态化教学体系》	杨树岳	30.00
教育新思考系列	35	《语文教育向何处去》	王　丛	26.00
	36	《教育，就是做好普通的事》	孙志毅	27.00
	37	《走出语文的偏见——让学生体悟文本的原义》	丛智芳	30.00
	38	《让语文教学更高效——批注式阅读教学探索》	韩中凌	30.00
	39	《读写互促——探寻学以致用的语文教学》	曹　龙	30.00
	40	《跳出数学教数学——用文化融通数学教学》	马建秀	27.00
名师感悟系列	41	《让心灵伴着歌声成长——22位音乐名师的教育智慧》	陈　璞	30.00
	42	《超越自我的教师——32位名师的成长感悟》	李卫东　李秀伟	35.00
	43	《心灵的守护者——19位名班主任的教育智慧》	王晓松　曲文弘	30.00
	44	《名师感悟班主任有效工作艺术90例》	符礼科	30.00
	45	《名师感悟有效教学90例》	林高明　徐玉烟	30.00

系列	序号	书　　名	主编	定价
信息化教学系列	46	《巧用白板教语文——信息技术与语文教学操作指南》	蒋丽清	30.00
	47	《跨越式实现高效课堂 ——信息技术与课程整合高效教学方案评析》	陈　玲　刘　禹	30.00
教师必读系列	48	《教师必学的16堂修养课》	武宏伟	30.00
	49	《教师不可不知的教学心理效应》	叶勇军	30.00
	50	《班主任不可不知的管理效应》	奚一琴	30.00
	51	《教师不可不知的教育心理效应》	孙　媛	30.00
	52	《校长不可不知的管理效应》	谢申刚　张金豹	30.00
	53	《成为好教师的7项修炼》	王福强　李维华	30.00
	54	《如何让学生会学习》	龙　冰	30.00
	55	《如何让学生爱学习》	周震宇　许小燕	30.00
行思讲坛系列	56	《灵动而朴素地教语文——潘文彬的微格教育生活》	潘文彬	30.00
	57	《师爱无疆——润泽学生心灵的教育故事》	侯忠彦	30.00
	58	《怎样反思更有效——促进教师专业发展的反思策略》	诸贝贝	30.00
	59	《成为高度自觉的教育者——写给后课标时代的数学教师》	许卫兵	30.00
	60	《哲思数学课》	刘全祥	30.00
	61	《把学生教聪明》	严育洪	30.00
	62	《教师最应该规避的教育误区》	杨坤道	30.00
	63	《用语文的方式教语文——潘文彬教学主张与实践智慧》	潘文彬	30.00
	64	《怎样让阅读教学更有效 ——提升教学能力的十种读诵模式》	汪秀梅	28.00
	65	《让生命在润泽中起舞——当代小学生最需要的主题班会》	吴联星　罗　琳 冯卫东	30.00
	66	《让生命欢快拔节——当代中学生最需要的主题班会》	冯卫东　吴联星	30.00
	67	《课堂因生成而精彩—— 高效教学的生成智慧》	张文质	30.00
	68	《回到每一个人的生命化教育 ——张文质二甲中学教育行动录》	张文质	30.00
	69	《智慧数学课——黄爱华教学思维的实践策略》	黄爱华	30.00
教育家核心思想系列	70	《多元智能理论的本土化应用》	刘治富	30.00
	71	《大教育家最具施教力的教学思想》	白刚勋	30.00

系列	序号	书名	主编	定价
教育管理力系列	72	《“走”出教育的精彩：走动式学校管理文化构建》	罗　军	30.00
	73	《校长兵法：学校管理四十六计》	皮大鹏	30.00
核心教学主张系列	74	《新生代语文名师核心教学主张》	许友兰	30.00
学生心理解码系列	75	《孩子问题行为一点通 ——只有好老师才知道的学生心理谜底》	严育洪	30.00
教育求索系列	76	《思政教学的人文力量》	戴晓华	30.00
	77	《师道新说——给教育者的30条箴言》	徐　卫	30.00
中国教育变革之路丛书	78	《百年树人师何为——教师队伍建设困顿与出路》	将丽珠　李玉向	30.00
	79	《入园何时不再难——学前教育困惑与抉择》	曾晓东 范　昕　周　慧	30.00
	80	《三尺书桌何处寻——流动人口子女教育困难与破解》	范先佐	30.00
	81	《苦旅何以得纾解——高考改革困境与突破》	郑若玲	30.00
	82	《择校纠结何时了——择校问题困局与治理》	曾晓东　周文海 曾娅琴	30.00
创新教学思想系列	83	《“大问题”教学的形与神》	黄爱华　张文质	30.00
校长领导力系列	84	《高品质学校生长要素》	王益民	30.00
	85	《校长高校教学领导力提升策略》	徐世贵　郭文哿	30.00
教育漫笔系列	86	《课堂，诗意地栖居》	吴书华	30.00
新思维系列	87	《教育中的“不一定”——打破教育的19种思维惯式》	严育洪	30.00
校本研修系列	88	《特色校本课程开发范例解读》	刘永平　李秀伟 张雪梅	30.00
	89	《高效校本研修模型构建艺术》	刘素雁	30.00
	90	《走向实践的教研——中小学教育科研引领与应用》	江　敏	30.00
教学提升系列	91	《有思想地教阅读——让学生学会品读文字真意》	王学东	30.00

系列	序号	书　　名	主编	定价
教育艺术提升系列	92	《藏在师生体态语言里的教学智慧》	张　宇　廖生波	30.00
教学全手册系列	93	《小学习作教学全手册》	郭家海	30.00
	94	《中学写作教学全手册》	郭家海	30.00
	95	《情境教学操作全手册》	冯卫东	35.00
	96	《合作教学操作全手册》	李春华	35.00
	97	《探究教学操作全手册》	周新桂	35.00
	98	《自主教学操作全手册》	诸葛彪	35.00
	99	《创新教学操作全手册》	王　玮	35.00
	100	《班主任工作全手册》	刘沛华	35.00
	101	《新教师工作全手册》	周震宇	35.00
	102	《学生心理健康教育全手册》	刘海莉　刘春杰	35.00
	103	《高效教学操作全手册》	马友平	35.00
教育思想者系列	104	《教育，一切从孩子出发》	黄　俭	30.00
创新人才培养系列	105	《创新人才培养校园科普精品课程开发与指导——人大附中创新人才培养》	罗　滨	30.00
	106	《创新人才培养特色校本课程开发与创新人才培养——清华附中“国际安全下的科学技术”课程构建与实施》	王殿军　方　研　赵宏雁	30.00
	107	《创新人才培养：学校实验室建设与管理》	刘克文　杨发丽　杨　平	30.00
	108	《创新人才培养：数学探究活动开发与指导》	马云朋　韩继伟	30.00
	109	《创新人才培养：化学研究活动开发与指导》	王　磊	30.00
	110	《创新人才培养：物理探究活动开发与指导》	廖伯琴	30.00
	111	《创新人才培养：地理探究活动开发与指导》	张建珍　陈　澄	30.00
	112	《创新人才培养：生物探究活动开发与指导》	张迎春	30.00
	113	《创新人才培养：理念探索与思维突破》	王晶莹	30.00
新生代通派名师系列	114	《简约数学教学》	许卫兵	30.00
	115	《语文教学的本真——情意课堂展现母语之美》	吴建英	30.00
	116	《语文课堂的理想追求——欢快达成三维目标》	董一红	30.00
	117	《阅读教学的真髓——意象构建读出文学的真美》	祝　禧	30.00
	118	《美术教育的真谛——审美人生教育让生命绚丽成长》	陈铁梅	30.00
	119	《语文教学的理想境界——无痕教学润泽生命》	李　凤	30.00
	120	《儿童作文的本义——嬉乐作文让儿童乐并成长着》	王笑梅	30.00
	121	《名师是怎样炼成的》	王建明　王笑君	35.00

系列	序号	书　　名	主编	定价
幼师成长系列	122	《幼儿行为背后——教师如何读懂幼儿的心思》	吴亚英	30.00
	123	《最具教育力的 22 种幼儿教育思想》	杨　达	30.00
	124	《幼儿教师必知的安全应急措施》	杨　达	30.00
	125	《幼儿教师必备的教育技能》	李　玲	30.00
	126	《卓越园长 21 条幼儿园管理策略》	周　丹　江东秋	30.00